Ardeschyr Hagmaier

Ente oder Adler

Mit diesem Buch bedanke
ich mich bei Sabrina. Danke!
Fly high!

Ardeschyr Hagmaier

Ente oder Adler

Vom Problemsucher zum Lösungsfinder

Illustriert von Timo Wuerz

GABAL
management

Bibliografische Information Der Deutschen Bibliothek

Die Deutsche Bibliothek verzeichnet diese Publikation in
der Deutschen Nationalbibliografie; detaillierte bibliografische
Informationen sind im Internet über http://dnb.ddb.de abrufbar.

ISBN 978-3-89749-591-3

Lektorat: Dr. Sonja Ulrike Klug, Bad Honnef,
www.buchbetreuung-klug.com
Umschlaggestaltung: +malsy Kommunikation und Gestaltung, Willich
Umschlagillustration und Buchillustrationen: Timo Wuerz, Hamburg,
www.timowuerz.com
Satz und Layout: Das Herstellungsbüro, Hamburg,
www.buch-herstellungsbuero.de
Druck und Bindung: Salzland Druck, Staßfurt

6. Auflage 2009

www.gabal-verlag.de
Abonnieren Sie unseren Newsletter unter
newsletter@gabal-verlag.de

Inhalt

Vorwort

Seit über 20 Jahren erzähle ich in meinen Seminaren und Vorträgen die Metapher von Ente und Adler. Ady Hagmeier hat sich nun die Mühe gemacht, bewährte Seminarmetaphern in diese Geschichte zu integrieren. Ich habe höchsten Respekt vor dieser Leistung und bin mir sicher, dass dieses Buch sehr wertvoll ist. Ob Sie es einmal lesen oder ob Sie immer wieder darin stöbern, bildhafte Geschichten bleiben viel länger in den Köpfen als abstrakte Wörter.

Unsere persönliche Grundeinstellung zum Leben entscheidet, ob wir ein erfolgreiches und glückliches Leben führen oder nicht. Habe ich eine Losereinstellung zum Leben (Ente) oder habe ich eine Gewinnereinstellung (Adler)? Die Grundhaltung ist entscheidend und bestimmt letztendlich meine Lebensqualität.

Ich persönlich habe mit der Metapher von Ente und Adler viele spannende und humorvolle Momente erlebt. Viele Teilnehmer, die mir nach Jahren wieder begegneten, konnten sich noch genau daran erinnern. Ein Beispiel gefällig?

Vor 10 Jahren war ich als Keynote-Referent zu einer Wirtschaftsveranstaltung eingeladen. Zu Beginn erzählte ich die Ente-Adler-Geschichte, die üblicherweise das Publikum sehr amüsiert. In der ersten Reihe saß ein stattlicher Bauunternehmer, neben ihm eine zierliche Dame, elegant und streng gekleidet, ich schätzte sie auf etwa Mitte 50. Nachdem ich die Geschichte erzählt hatte, schaute sie mich ganz böse an. Es war ihr kein Lächeln mehr zu entlocken und diese Mimik hielt sie 90 Minuten, bis zum Ende der Veranstaltung, durch. Anschließend, beim Apéro, kam sie auf mich zu und sagte: »Das können Sie doch nicht machen!« Ich verstand nicht, was sie meinte, und fragte zurück: »Was genau meinen Sie, was ich nicht machen kann?« »Ja, das mit Ente und Adler!« Was genau sie denn nun meine, fragte ich sie nochmals. Sie holte tief Luft und sagte, es sei doch so offensichtlich: **die** Ente und **der** Adler! Da dachte ich mir, dass man darauf erst mal kommen muss, und sagte zu ihr: »Nennen Sie es doch einfach **der** Frosch statt **die** Ente.« Jetzt war sie erst recht enttäuscht, denn das Frauenfeindliche, das sie vermutete, war gar nicht intendiert. Das war mir dann doch zu mühsam und ich lenkte mit der Frage, was sie denn beruflich so mache, ab. Haben Sie, liebe Leserin, lieber Leser, eine Idee? Gymnasiallehrerin!

Am kommenden Abend war ich in der nächsten Stadt und erzählte wiederum die Geschichte von Ente und Adler, jedoch mit dem Zusatz, was mir am gestrigen Abend mit der Gymnasiallehrerin passiert war. Das Publikum amüsierte sich köstlich darüber. Anschließend kam eine Tierärztin zu mir und sagte, sie verstehe die Aufregung der Dame gar nicht, denn das von mir mitgebrachte Stoffexemplar einer Ente, welches ich immer dabei habe, sei doch ein Erpel, also eine männliche Ente. Ich dachte mir: Nun ja, eine Gymnasiallehrerin sollte das aber wissen!

Übrigens, Menschen, die sich mit solchen Dingen beschäftigen wie diese Gymnasiallehrerin werden niemals Großes erreichen können. Sie verschwenden ihre Gedankenkraft mit Kleinigkeiten, die in der Regel doch nichts Nachhaltiges bewegen. Seien Sie also vorsichtig und hüten Sie sich vor Menschen mit dieser Enteneinstellung. Oft kommen solche »Enten« auch als Besserwisser daher. Orientieren Sie sich an »Adlern«, die selbst bewiesen haben, dass sie erfolgreich und glücklich sind.

Ich wünsche Ihnen von ganzem Herzen viel Spaß bei diesem Buch!

Martin Betschart
Keynote-Referent, Erfolgs-Coach

Einleitung

Der Adler hörte einst viel Rühmens von der Nachtigall und hätte gerne Gewissheit gehabt, ob alles auf Wahrheit beruhte. Darum schickte er den Pfau und die Lerche aus, sie sollten das Federkleid der Nachtigall betrachten und ihren Gesang belauschen. Als sie wiederkamen, sprach der Pfau: »Der Anblick ihres erbärmlichen Kittels hat mich so verdrossen, dass ich ihren Gesang gar nicht gehört habe.« Die Lerche sprach: »Ihr Gesang hat mich so entzückt, dass ich vergaß, auf ihr Federkleid zu achten.«

Karlfried Graf Dürckheim sagte einmal, passend zu dieser Geschichte: »Man sieht nur dort etwas, wo man hinschaut, und man findet nur dort etwas, wo man sucht.« Es gibt Leute, die immer nur Probleme sehen, weil sie ihren Blickwinkel auf Probleme gerichtet haben, aber es gibt auch Leute, die Chancen erkennen, weil sie genau dort suchen, wo eine Lösung zu finden ist. Worauf richten Sie tagtäglich Ihren Fokus?

Frei ist, wer das tut, was er sowieso tun muss

In unserem alltäglichen Leben sind wir ständig damit beschäftigt, irgendetwas zu tun, die Frage ist nur: Tun wir für uns überhaupt das Richtige? Und machen wir das, was wir tun, dann auch richtig?

Sind Sie ein Problemsucher, der in vielen Situationen genügend Gründe findet, ein Vorhaben dann doch nicht zu verwirklichen? Oder sind Sie flexibel und motiviert genug, eine Lösung zu finden? Haben Sie auch erlebt, dass Probleme diskutiert werden, anstatt dass an der Lösung dieser Probleme gearbeitet wird? Es gibt in unserer Gesellschaft einfach zu viel Problembewusstsein und zu wenig Menschen, die sich mit Lösungsansätzen beschäftigen.

Was an diesem Buch anders ist

Genau das ist auch der Grund, warum ich dieses Buch geschrieben habe. Und warum ich es genau so geschrieben habe, wie es jetzt vor Ihnen liegt, hat einen ebenso einfachen wie bedeutungsvollen Hintergrund: Früher hörte ich Menschen öfters sagen, dass ich faul sei, und irgendwann glaubte ich es auch. Erst sehr viel später habe ich erkannt, dass ich überhaupt nicht faul bin, sondern meist nur sehr ökonomisch an Themen herangehe. So auch bei diesem Buch: Ökonomisch, wie ich denke, stellte ich mir vor, wie Sie (ja genau *Sie*) gerade dieses Buch in der Hand halten und vielleicht schon einmal die Seiten durch Ihre Finger gleiten lassen. Möglicherweise bemerken Sie sehr schnell, dass da etwas anders ist! Genau, da ist etwas anders als bei anderen Erfolgsbüchern: Jedes Thema steht auf einer Seite für sich und kann auch einzeln gelesen werden. Und es gibt viele Bildergeschichten und Illustrationen, die das einzelne Thema so außergewöhnlich aufgreifen, dass vielleicht genau dieses Bild vor Ihrem inneren Auge auftaucht, wenn Sie in einem bestimmten Bereich eine Lösung benötigen. Haben Sie also den Mut, mit mir anders und ökonomisch nach dem Min-max-Prinzip (minimaler Aufwand – maximaler Erfolg) vorzugehen.

Wer Spaß hat bei dem, was er tut, der muss nie wieder arbeiten

Eine Studie aus den USA (die Herkunft ist mir nicht bekannt, tut aber auch nichts zur Sache) hat gezeigt, dass Sie mit Spaß 11-mal schneller etwas aufnehmen und lernen. Darum ist das Ziel dieses Buches, dass Sie bei der Lektüre viel Spaß haben und oft in sich hineinschmunzeln – über Geschichten, die das Leben schrieb, und Anekdoten, die aufzeigen, dass es immer mehrere Wege im Leben gibt. Es sind aber auch Geschichten dabei, die Sie zum Nachdenken anregen sollen. Doch bevor ich Sie mit irgendwelchen Sachzusammenhängen und theoretischen Inhalten langweile, erzähle ich Ihnen lieber gleich eine erste Geschichte von der Taube in der Hand:

In einem Dorf lebten einmal zwei junge, pfiffige Burschen, die nur Spaß in ihren Köpfen hatten. Im selben Dorf lebte auch ein alter weiser Mann, von dem man sagte, dass er alles wisse und sich nie irre. Die beiden überlegten sich, wie sie den weisen Mann überlisten könnten, und hatten folgende Idee: Wir nehmen eine Taube, halten sie hinter den Rücken und fragen den Alten: »Lebt diese

Taube oder ist sie tot?« Wenn der weise Mann nun sagt, sie sei tot, dann holen wir sie hervor und lassen sie fliegen. Wenn er aber sagt, sie lebe, dann drücken wir ihr den Hals zu und zeigen ihm, dass die Taube tot ist. Gleich, was er uns sagen wird, die Antwort ist falsch. Und so geschah es. Mit der Antwort des alten Mannes jedoch hatten sie nicht gerechnet. »Ob diese Taube lebt oder tot ist, liegt ausschließlich in eurer Hand.«

Liebe Leser, ob dieses Buch und die darin enthaltenen Inhalte lebendig oder tot sind, liegt ausschließlich in Ihrer Hand. Was Sie aus dieser Lektüre machen, entscheiden ganz alleine Sie. Ich wünsche Ihnen, dass Sie das Beste daraus machen. Lassen Sie dieses Buch leben, wenden Sie es an, so oft und so gut Sie können. Am besten arbeiten Sie nach dem *Clausthaler*-Prinzip: Nicht immer, aber immer öfter ... Denken Sie immer öfter an die Adler-Prinzipien, arbeiten Sie immer öfter an Ihren Erfolgseigenschaften. Wichtig ist einfach, dass Sie damit beginnen und nicht schon vor dem Anfang aufgeben, weil Sie Angst davor haben, etwas nicht sofort perfekt zu machen.

Jahresprogramm mit 52 Themen

Dabei brauchen Sie das Buch nicht vom Anfang bis zum Schluss durchzulesen. Ich habe Ihnen für die 52 Wochen eines Jahres jeweils ein Thema aufbereitet. Sie haben also sozusagen ein Jahresprogramm, um den Adler in sich zu stärken. Das Buch ist so geschrieben, dass Sie sich immer nur ein Kapitel vornehmen. Sie suchen sich ganz einfach genau das Thema aus, das am besten zu Ihrer momentanen Situation passt, und lassen sich inspirieren, mal über den Teichrand hinauszublicken oder noch ein Stückchen höher zu fliegen.

Ich wünsche Ihnen, dass Sie durch Ihr verändertes Handeln Ihre Lebensqualität steigern und dadurch genießen können, was Sie erreicht haben. Auf Ihrem Lebensweg weiterhin alles Gute und viel Erfolg!

Ihr Ardeschyr Hagmaier

Meine Lebensphilosophie

»Der Unterschied zwischen einer Ente und einem Adler liegt hauptsächlich darin, dass dieselben Ergebnisse unterschiedlich bewertet werden.« (Ardeschyr Hagmaier)

Vor Millionen von Jahren, als die Erde erschaffen war, erschuf die Schöpfung die Ente und setzte sie in einen Teich. Die Ente wurde gefüttert und musste sich um nichts kümmern. Sie hatte daher keine Verantwortung. Nach einer Weile erschuf die Schöpfung dann den Adler. Dieser hatte ein viel spannenderes Leben. Er konnte die höchsten Gipfel der Welt erreichen, er schwebte hoch am Himmel und genoss seine grenzenlose Freiheit. Dafür musste er sich allerdings sein Fressen selbst suchen und damit die Verantwortung für sein eigenes Leben übernehmen.

Ente oder Adler?

Nun erschuf die Schöpfung den Menschen und gab diesem die Möglichkeit, zwischen dem langweiligen Leben einer Ente und dem spannenden Leben eines Adlers zu wählen. Doch dann passierte etwas. Als die Menschen die Ente betrachteten, wollten viele nur die Vorteile haben, aber den Preis dafür wollten sie nicht zahlen. Nun betrachteten die Menschen den Adler, und auch hier wollten sie nur die Vorteile genießen, die das Leben eines Adlers mit sich bringt. Doch den Preis wollten sie auch hier nicht bezahlen.

Problem oder Lösung?

So kam es, wie es kommen musste. Die meisten Menschen konnten sich einfach nicht entscheiden: Ente oder Adler? Die Schöpfung machte dies dem Menschen zur Lebensaufgabe. Seitdem wohnen zwei Seelen in seiner Brust: die einer Ente, die immer nur schnattert und über den Rand des eigenen Teiches nicht hinausblickt, und die eines Adlers, der frei und majestätisch seine Kreise zieht und die Freiheit genießt. Jeder Mensch hat beides in sich und kennt beide Zustände: den einer Probleme suchenden Ente und den des lösungsorientierten Adlers.

Vielleicht fragen Sie sich jetzt, warum ich ausgerechnet diese beiden Prachtexemplare der Tierwelt ausgewählt habe. Der Adler

Enten stehen auf der Speisekarte, Adler stehen unter Naturschutz

ist nach dem Löwen das zweitbeliebteste Wappentier und gilt als Staatswappen der Bundesrepublik Deutschland. Auch als Symbol göttlicher Macht und der Macht des Herrschers begegnet der Adler in vielen verschiedenen Kulturen. Dagegen wird die Ente gerne in der Gastronomie als Symbol für gutes Essen gesehen. Da auch mein Lieblingsrestaurant sich »Die Ente« nennt und ich diese öfters auf der Speisekarte wiederfand, habe ich mich entschieden, die Ente als zweites Symbol zu wählen. Interessant finde ich es auch, dass bei beiden Tieren gleich ein Bild in unseren Köpfen entsteht und die Botschaft leicht vermittelt werden kann.

In diesem Buch erfahren Sie, was es überhaupt heißt, sich als Ente oder Adler zu verhalten. Wie ist der jeweilige Zustand, was sind die Gedanken und wie die Handlungen? Und wie geht man am besten mit einem Menschen um, der gerade im Enten- oder im Adlerzustand ist?

Sie lesen spannende Geschichten, verfolgen motivierende Strategien und erhalten nutzenorientierte Tipps für Ihr Adler-Bewusstsein. Oder wie *Ralph Waldo Emerson* einmal sagte: *»Mach das Beste aus dir, denn das ist alles, was du hast.«*

Das Adlergebet

Gib mir die Kraft,
Dinge zu ändern,
die ich ändern kann,
die Gelassenheit,
Dinge hinzunehmen,
die ich nicht ändern kann,
und die Weisheit,
das eine vom anderen
zu unterscheiden.

1. Teil

Die Adler-Regeln

*»Vor dem Können kommt das Wollen,
denn man muss auch können wollen.«*

ARDESCHYR HAGMAIER

FRAGE DER WOCHE

Warum wollen, oder vielleicht müssen, Sie Ihre Ziele erreichen?

1. Adler können nicht nur, sondern wollen auch mehr erreichen

Eines Tages kam ein junger Schüler zu seinem Meister, der für seine Weisheit bekannt war, und fragte: »Was ist das Geheimnis für Erfolg im Leben?« Der Meister antwortete: »Komm morgen früh zum Fluss.« So geschah es. Am nächsten Morgen standen sie am Ufer und der Meister sagte: »Jetzt gehen wir in den Fluss.« Der Schüler folgte seinem Meister bereitwillig. Als beide bis zum Hals im Wasser standen, packte der Meister den jungen Schüler ganz plötzlich und drückte dessen Kopf unter Wasser. Der arme Kerl wehrte sich verzweifelt, aber der Meister ließ ihn nicht los – lange, sehr lange nicht. Als er endlich seinen Griff lockerte, prustete und hechelte der junge Schüler völlig außer sich. Der Meister fragte: »Als du dort unten im Wasser warst, was wolltest du am meisten?« »Luft natürlich!«, rief der junge Schüler. »Siehst du«, sagte der Meister, »das ist das Geheimnis des Erfolgs. Wenn du Erfolg so sehr willst, wie du unter Wasser Luft wolltest, dann wirst du auch Erfolg haben.«

Adlertipp

Erfolg ist nicht nur eine Frage des Könnens, sondern auch des Wollens. Menschen im Adlerzustand wissen, dass es einen Grund für Erfolg geben muss. Sie kennen das unbändige Verlangen danach, wissen, was und warum sie genau das erreichen wollen. Legen Sie also für sich einmal generell fest: Was bedeutet für Sie (ja, genau für *Sie* persönlich!) Erfolg? Ist es der kleine bequeme Ententratsch oder sind es Adlerentscheidungen, die etwas bewegen? Wie erfolgreich wollen Sie sein, welche Strategien nutzen Sie, und an welchen Eckpfeilern machen Sie Ihren Erfolg fest?

»Veränderung ist das Salz des Vergnügens.«

FRIEDRICH SCHILLER

FRAGE DER WOCHE

Welche Veränderung – und sei sie auch noch so klein – führen Sie diese Woche durch?

2. Adler verändern nicht die Welt, aber sie verändern sich

Eine Frau traf ein kleines Mädchen, das am Strand auf und ab lief. Der Sturm hatte über Nacht mit den tosenden Wellen Tausende von Seesternen ans Ufer getrieben. Da lagen sie, auf dem weißen Sand. Das Mädchen hob immer wieder welche auf und warf sie zurück ins Meer. Die Frau fragte sie: »Warum tust du das? Du wirst damit nie fertig werden. Hier liegen Tausende von Seesternen herum. Sie werden sterben. Dein Verhalten ändert doch nichts.« »Vielleicht stimmt das, was du sagst«, antwortete das Mädchen, »aber für diesen einen Seestern hat sich etwas verändert.«

Adlertipp

Enten ärgern sich und quaken über Dinge, die sie nicht ändern können. Adler wissen, dass es mindestens zwei Möglichkeiten gibt, etwas zu verändern. Entweder ändern sie ihre Einstellung zu den Dingen, die ihnen nicht gefallen, oder sie ändern die Situation. Enten haben für sich noch eine dritte Möglichkeit gefunden, nach der sie handeln: Sie lassen alles so, wie es ist, und quaken weiter ...

Haben Sie vielleicht schon einmal gesagt: »Das kann ich nicht tun«? Wenn Sie diese Aussage schon einmal gesagt (oder auch nur gedacht) haben, dann liegt dort Ihre persönliche Grenze. Sie haben in der Vergangenheit definiert, was Sie erreichen können, vielleicht durch eigenes Erleben festgelegt oder nur durch das, was viele Menschen zu Ihnen gesagt haben. Dies beeinflusst die Qualität Ihres heutigen Lebens.

Darum sollten wir uns heute die Frage stellen: »Wer bin ich? Woher kommt die Überzeugung? Und wie alt ist sie, diese Überzeugung?« Vielleicht ist es an der Zeit, unsere Identität zu erneuern, uns hier anders zu definieren, und zwar auf eine Art und Weise, die uns Kraft gibt und besser zu dem passt, was wir heute sind.

*»Die Probleme, denen wir begegnen,
können nicht auf der gleichen Denkebene gelöst werden,
auf der sie entstanden sind.«*

ALBERT EINSTEIN

FRAGE DER WOCHE

Aus welchem Blickwinkel betrachten Sie eine Sache diese Woche neu?

3. Adler fliegen weiter weg, um das Naheliegende leichter zu erkennen

Ein Mann kriecht neben einer Straßenlaterne auf dem Boden herum. Ein Polizist kommt vorbei. »Was machen Sie denn da?«, fragt er den Mann. Der entgegnet: »Ich suche meinen Schlüssel.« Der Polizist beugt sich zu ihm hinunter und fängt ebenfalls an, den Boden nach dem Schlüssel abzusuchen. Doch auch der Polizist kann ihn nicht entdecken. »Und Sie sind sicher, dass Sie ihn hier unter der Laterne verloren haben?«, fragt er noch einmal nach. »Nein«, erwidert der Mann, »verloren habe ich ihn da hinten. Aber dort ist es viel zu dunkel zum Suchen.«

Adlertipp

Verschiedene Flughöhen ermöglichen unterschiedliche Perspektiven. Mal angenommen, Sie würden auf dem Teich schwimmen: Wie weit können Sie wohl sehen? Wie hoch ist die Chance, gleich die richtige Lösung zu finden? Doch wenn Sie auch nur etwas die Flügel bewegen und »strampeln«, können Sie vielleicht schon über die Uferböschung hinausblicken. Und wenn Sie sogar in die Lüfte steigen wie ein Adler, sich höher und höher schrauben – welch grandiosen Ausblick hätten Sie auf so viele mögliche Lösungsansätze!

»Denn die Zukunft kann man am besten voraussagen, wenn man sie selbst gestaltet.«

ALAN KAY

FRAGE DER WOCHE

**Was werden Sie diese Woche tun,
damit Ihre Wünsche in Zukunft in Erfüllung gehen?**

4. Adler lieben die Zukunft, aber handeln heute

Stellen Sie sich vor, Sie betreten einen Laden und treffen dort auf einen freundlichen alten Mann, der auf Ihre Frage, was er denn zu verkaufen habe, antwortet: »Alles, was Sie wollen!« Sofort beginnen Sie damit, all die Dinge aufzuzählen, die Sie sich schon immer gewünscht haben:

- Ich möchte, dass alles, was ich anfasse, erfolgreich wird.
- Ich möchte, dass mein großer Traum in Erfüllung geht.
- Ich möchte reich und geachtet sein.
- Ich wünsche mir Humor und Freude als Begleiter meines Lebens.
- Ich will einen Beruf, der mich begeistert.
- Ich möchte echte Freunde haben.
- Ich wünsche mir ein Leben voll faszinierender Abenteuer.
- Ich möchte Gesundheit und Vitalität.
- Ich möchte ...

Lächelnd fällt der Mann Ihnen ins Wort: »Entschuldigen Sie bitte. Ich habe mich wohl unklar ausgedrückt: Wir verkaufen keine Früchte, wir verkaufen nur Samen.«

Adlertipp

Es gibt so viel Schönes und Wünschenswertes im Leben, aber nichts davon gibt es umsonst, auch wenn Enten immer noch darauf hoffen. Bei Ihrer Bank bekommen Sie einen Kredit – im Leben nicht. Denn hier lautet die Devise: erst säen, dann ernten. Adler wissen, dass ihre Zukunft in ihren eigenen Händen liegt. So, wie Sie sich jetzt betten, werden Sie in der Zukunft liegen. Allerdings müssen Sie natürlich auch etwas dafür tun, diese Zukunft erfolgreich zu gestalten bzw. die Ziele auch zu erreichen. Wer handelt, dessen Wünsche werden auch in Erfüllung gehen.

»Wer viel über andere weiß, ist vielleicht gebildet,
aber wer sich selbst kennt, ist klug.
Wer andere beherrscht, ist vielleicht mächtig,
aber wer sich selbst beherrscht, ist noch viel mächtiger.«

LAO-TSE

FRAGE DER WOCHE

Wem geben Sie diese Woche eine neue Chance?

5. Adler verzeihen, ohne zu vergessen

Ein Mann will ein Bild aufhängen. Den Nagel hat er, nicht aber den Hammer. Der Nachbar besitzt einen. Also beschließt unser Mann hinüberzugehen, um den Hammer auszuleihen. Doch da kommen ihm Zweifel: »Was, wenn der Nachbar mir den Hammer nicht leihen will? Gestern schon grüßte er mich nur so flüchtig. Vielleicht war er in Eile. Aber vielleicht war die Eile nur vorgespielt und er hat etwas gegen mich. Aber was? Ich habe ihm nichts angetan. Der bildet sich da etwas ein. Wenn jemand von mir ein Werkzeug borgen wollte, ich würde es ihm sofort geben. Und warum er nicht? Wie kann man einem Mitmenschen einen so einfachen Gefallen abschlagen? Leute wie dieser Kerl vergiften einem das Leben. Und dann bildet er sich noch ein, ich sei auf ihn angewiesen. Bloß weil er einen Hammer besitzt. Jetzt reicht es mir aber wirklich.« – So stürmt er hinüber und läutet. Der Nachbar öffnet, doch bevor er »Guten Tag« sagen kann, schreit ihn unser Mann schon an: »Behalten Sie Ihren Hammer, Sie Rüpel!«

Adlertipp

Adler stehen über den Dingen und bleiben nicht in vernichtenden Gedankenschleifen hängen. Adler können verzeihen und sind dadurch in der Lage, negative Gedanken einfach loszulassen. Enten hingegen verzetteln sich in Vorwürfen, steigern sich gedanklich hinein, vergessen nichts und sind schon gar nicht in der Lage, jemandem zu verzeihen. Geben Sie neue Chancen – sich selbst und anderen! Jedes Mal, wenn Sie dazu in der Lage sind, wächst Ihre Persönlichkeit ein Stückchen und Sie leben in dem beruhigenden Gefühl, ein Mensch zu sein, der auch andere Menschen menschlich sein lässt.

»Der kluge Mann macht nicht alle Fehler selber: Er gibt auch anderen eine Chance.«

WINSTON CHURCHILL

FRAGE DER WOCHE

Von wessen Erfahrungen können Sie diese Woche profitieren?

6. Adler sind erfahren und lernen von anderen

Vier Blinde wollten wissen, was ein Elefant ist, also führte man sie zu einem. Der erste Blinde bekam den Rüssel des Elefanten in die Hände und meinte, der Elefant sei so ähnlich wie eine Wasserpfeife. Der Zweite ertastete ein Ohr und widersprach: »Nein, ein Elefant ist so ähnlich wie ein Fächer.« Der Dritte erwischte ein Bein und bemerkte: »Auch das stimmt nicht, ein Elefant ist so ähnlich wie eine Säule.« Der Vierte schließlich legte seine Hände auf den Rücken des Elefanten und meinte: »Ihr habt alle Unrecht. Ein Elefant ist so ähnlich wie ein Thron.«

Adlertipp

Keiner der Blinden kannte die ganze Wahrheit, sondern nur einen Teil davon. Und doch war jeder überzeugt, dass er allein Recht hätte.

Sie können nicht alle Erfahrungen in kürzester Zeit selbst machen. Müssen Sie auch nicht, denn andere sind ja auch noch da. Menschen im Adlerzustand knüpfen Kontakte, sprechen mit Kollegen und Geschäftspartnern oder auch Freunden, wenn es um private Dinge geht. Durch diesen Perspektivwechsel haben sie eine andere Wahrnehmung. Lassen Sie auch die anderen an Ihren positiven und negativen Erfahrungen teilhaben. Teilen Sie Ihre Erlebnisse den richtigen Menschen mit.

Enten umgeben sich meistens mit anderen Enten, die sie kritisieren und herunterziehen. Meiden Sie diese, auch wenn sie behaupten, sie meinten es gut mit Ihnen. Ein Freund ist, in wessen Gegenwart Sie laut denken können und wer Ihnen konstruktive Fragen stellt.

»Es gibt nur einen Erfolg – nach seinen eigenen Vorstellungen leben zu können.«

CHRISTOPHER MORLEY

FRAGE DER WOCHE

Welche Entscheidungen treffen Sie diese Woche, ohne auf die Meinung anderer zu achten?

7. Adler wollen andere glücklich sehen, aber können nicht alle glücklich machen

Ein Vater reitet auf einem Esel und neben ihm läuft sein kleiner Sohn. Da sagt ein Passant empört: »Schaut euch den an! Der lässt seinen kleinen Jungen neben dem Esel herlaufen.« Der Vater steigt ab und setzt seinen Sohn auf den Esel. Kaum sind sie ein paar Schritte gegangen, ruft ein anderer: »Nun schaut euch die beiden an! Der Sohn sitzt wie ein Pascha auf dem Esel, und der alte Mann muss laufen.« Nun setzt sich der Vater zu seinem Sohn auf den Esel. Doch nach ein paar Schritten ruft ein Weiterer empört: »Jetzt schaut euch die beiden an! So eine Tierquälerei!« Also steigen beide ab und laufen neben dem Esel her. Doch sogleich sagt der Nächste belustigt: »Wie kann man nur so blöd sein! Wozu habt ihr einen Esel, wenn ihr ihn nicht nutzt?«

Adlertipp

Wir können es nie allen Menschen recht machen, gleichgültig wie sehr wir uns auch anstrengen. Deshalb macht es auch keinen Sinn, sich zu fragen, ob andere es gut finden, was wir tun. Die anderen sind kein Maßstab. Adlermenschen wissen, dass sie selbst entscheiden müssen, was für sie richtig oder falsch ist. Vielleicht saßen Sie auch schon einmal in einem Geschäftsmeeting, in dem sich alle beteiligten »Enten« einig darüber waren, dass die Probleme wirklich unüberwindbar sind:

- Die Zeiten werden immer schwieriger!
- Der Markt ist härter geworden!
- Quak, quak, quak …

Auch wenn man sich nach solchen Gesprächen erleichtert und im Glauben bestätigt fühlt, hat sich in Wirklichkeit aber nichts verändert. Kurzfristig fühlt sich die Ente wohl (weil sie mit anderen Enten eine Runde quaken konnte), aber der Adler merkt schon beim Heimflug, dass sich nichts wirklich geändert oder sogar verbessert hat – im Gegenteil: In ihm steigt das Gefühl auf, eigentlich nur Zeit verschwendet zu haben. Fragen Sie sich nach solchen Gesprächen auch manchmal: »Und was hat das alles jetzt eigentlich gebracht?« Wenn man ohne klare Ergebnisse und Vorschläge zur Besserung der Situation auseinander geht, ist das immer unbefriedigend.

»Dankbarkeit ist das Gedächtnis des Herzens.«

JEAN-BAPTISTE MASSILON

FRAGE DER WOCHE

Was haben Sie erreicht? Wofür sind Sie dankbar?

8. Adler sind selten zufrieden, doch öfters dankbar

Vor langer, langer Zeit lag ein Prinz auf einer sonnigen Blumenwiese, aber die wundervollen bunten Blumen um sich herum beachtete er nicht. Er sah auch nicht die weißen Wolken, die über ihn hinwegzogen. Er blickte hinüber zu einem Hügel und dachte sich: »Wenn ich einmal König bin, dann baue ich auf diesem Hügel ein prächtiges Schloss mit spitzen Türmen und vielen Fenstern.«

Die Jahre vergingen. Der Prinz war König geworden. Und er hatte sich auf dem Hügel ein prächtiges Schloss mit spitzen Türmen und vielen Fenstern bauen lassen. Der junge König blickte nun von seinem Schloss hinüber zu der sonnigen Blumenwiese. »Ach«, seufzte er, »wäre ich nicht König, so könnte ich jetzt auf der Wiese liegen, die wunderschönen bunten Blumen betrachten und sorglos den weißen Wolken nachschauen.«

Adlertipp

Zufriedenheit ist eine Zier, doch weiter kommt man ohne ihr! Wer immer nur mit dem zufrieden ist, was er hat – wie die Enten –, wird im Leben nicht besonders weit kommen. Natürlich ist es legitim, sich über Erreichtes zu freuen. Und besonders Dankbarkeit gehört zum Leben eines Adlers dazu. Allerdings wenden sich Adler, nachdem sie die erreichten Ziele ausgiebig gefeiert haben, neuen Aufgaben zu. Adler streben nach neuen Abenteuern und Herausforderungen, die es zu lösen gilt.

»Wenn der Glaube stark ist, kann er Berge versetzen. Aber ist er auch noch blind, dann begräbt er das Beste darunter.«

KARL HEINRICH WAGGERL

FRAGE DER WOCHE

Wo sammeln Sie diese Woche neue Erfahrungen, um eine negative Überzeugung abzulegen?

9. Adler sind von sich überzeugt und lassen dennoch Neues zu

Es saß einmal ein alter Mann draußen vor der Stadt. Ein Fremder trat auf ihn zu. »Wie sind die Menschen hier in der Stadt?«, fragte der Fremde. »Wie waren sie denn dort, wo Ihr zuletzt gewesen seid?«, entgegnete der Alte. »Wunderbar! Ich habe mich dort sehr wohl gefühlt. Sie waren freundlich, großzügig und stets hilfsbereit.« »So etwa werden sie auch hier sein.«

Ein anderer Fremder kam zu dem Alten. »Wie sind die Menschen hier in der Stadt?«, fragte er. »Wie waren sie denn dort, wo Ihr zuletzt gewesen seid?«, lautete die Gegenfrage. »Schrecklich! Sie waren gemein, unfreundlich, keiner half dem anderen.« »So, fürchte ich, werden sie auch hier sein.«

Adlertipp

Kennen Sie das auch, wenn vor lauter Bäumen der Wald nicht mehr zu sehen ist? Wenn Enten und Adler einen Parkplatz suchen, passiert Erstaunliches. Die Ente fährt mit ihrem Auto in die Stadt, ohne einen freien Parkplatz zu sehen. Nach langem Hin und Her fährt sie schließlich völlig genervt in ein Parkhaus. Oder sie fährt gleich in das Parkhaus, ohne lange zu suchen, weil sie überzeugt ist, sowieso keinen freien Parkplatz mehr zu finden.

Wenn dann der Beifahrer, der Adler, sie auf mehrere Parklücken aufmerksam macht, antwortet sie völlig überrascht: »Ach, die habe ich gar nicht gesehen!« Konnte die Ente ja auch nicht, weil ihr Fokus bereits auf das Parkhaus oder die überfüllten Parkplätze ausgerichtet war. Sie sah in diesem Moment nur bis zum nächsten Grasbüschel am Rand des Teiches. Wenn sie nur kurz mal losgelassen und ihrem Blick erlaubt hätte, »höher zu fliegen«, hätte sie aus der Adlerperspektive den Parkplatz wohl entdeckt.

Wechseln Sie beim nächsten Mal den Fokus und konzentrieren Sie sich auf die Parklücke bzw. auf das, was Sie wollen. Dann klappt's auch mit dem Parkplatz vor der Tür.

»Man muss das Unmögliche versuchen, um das Mögliche zu erreichen.«

HERMANN HESSE

FRAGE DER WOCHE

Wann machen Sie etwas vermeintlich Unmögliches möglich?

10. Adler versuchen das Unmögliche, um das Mögliche zu erreichen

Das berühmte Ei des Kolumbus hat einen Vorläufer: Als im 15. Jahrhundert die Kuppel des Florentiner Doms gebaut werden sollte, suchten die Stadträte nach einem geeigneten Baumeister. Zahlreiche Meister wurden nach Florenz geladen und angehört. Die Stadträte konnten sich nicht entscheiden. Da schlug der Florentiner Baumeister *Filippo Brunelleschi* vor, es solle derjenige die Kuppel bauen, dem es gelingen würde, ein Ei auf einer Marmortafel aufzustellen. Alle versuchten, doch niemand schaffte es – bis *Brunelleschi* an die Reihe kam. Er drückte das Ei an der Spitze ein und stellte es auf. Die anderen waren empört: »Auf diese Art können wir das auch!« Doch *Brunelleschi* sagte: »Ihr wüsstet auch, wie die große Kuppel zu bauen wäre, wenn Ihr meine Zeichnungen angeschaut hättet. Kreative Lösungen sind es, die Ihr braucht, und das zeichnet mich aus.« Das überzeugte die Florentiner Stadträte, und *Brunelleschi* bekam den Auftrag.

Adlertipp

»Träume sind Schäume«, glauben Enten. Warum also träumen, wenn davon doch nichts Wirklichkeit wird? Aber das ist ganz und gar nicht so! Je mehr wir träumen, desto näher sind wir unseren Zielen. Denn umso mehr verinnerlichen wir, was wir erreichen wollen. Menschen im Adlerzustand betrachten Träume als Bastelstunde der Kreativität. Fern der Wirklichkeit wagen sie sich so an Dinge, die wir normalerweise nicht für möglich halten würden. Bei genauerem Nachdenken sind unsere Gedanken jedoch gar nicht so abwegig. Haben Sie also den Mut zu träumen und trauen Sie sich und anderen einfach mehr zu. Sie werden sehen, so unrealistisch sind Träume gar nicht!

Damit Träume nicht nur Schäume bleiben, sondern wahr werden, beherzigen Sie zwei Tipps:

1. Glauben Sie an kleine Wunder und freuen Sie sich jeden Tag. Was hat Sie an diesem Tag glücklich gemacht?
2. Stellen Sie sich Ihren Wunsch möglichst genau vor und schreiben Sie ihn ebenso detailliert auf. Sie holen dadurch sozusagen Ihr Unterbewusstsein mit ins Boot.

»Das Geheimnis des außerordentlichen Menschen ist in den meisten Fällen nichts mehr als Konsequenz.«

BUDDHA

FRAGE DER WOCHE

An welchem Vorhaben arbeiten Sie diese Woche konsequent und konzentriert?

11. Adler arbeiten konsequent und verändern dennoch ihre Regeln

Während ihrer Wanderschaft trafen zwei Mönche auf eine wunderschöne Frau, die alleine nicht über einen Fluss mit starker Strömung kommen konnte. Als die Frau die Mönche um Hilfe bat, nahm einer der beiden, ohne zu zögern, die Frau auf seine Schultern und trug sie ans andere Ufer. Schweigend wanderten sie weiter. Nach einer ganzen Weile kritisierte der eine Mönch den anderen: »Wir haben ein Gelübde getan, dass wir keine Frau anfassen. Wie konntest du sie einfach auf deine Schultern setzen?« Der andere antwortete daraufhin: »Ich habe die Frau vor einer Stunde am Ufer abgesetzt. Aber du trägst sie offensichtlich immer noch mit dir herum.«

Adlertipp

Stapelweise Arbeit auf dem Tisch – und Sie können Ihre Gedanken einfach nicht ordnen? Aktenstapel verwandeln sich in hässliche Monster, das Sitzungsprotokoll will und will nicht fertig werden – weil die Konzentration nicht mehr stimmt. Sicher kennen Sie diese lästigen Durchhänger im Job. Adler nutzen Erfolgsstrategien und bilden z. B. 20-Minuten-Einheiten, d. h., sie legen spätestens nach 20 Minuten intensiven Arbeitens eine erfrischende Pause ein. Enten dagegen »werkeln« einfach vor sich hin, jammern über die Berge und stapeln das Ganze meistens von einer auf die andere Seite des Schreibtischs, verzetteln sich in Kleinigkeiten und gehen fünf Arbeiten zeitgleich an, von denen sie nicht eine konsequent zu Ende führen. Nutzen Sie die richtigen Arbeitstechniken und haben Sie den Mut, auch mal loszulassen, wenn's nicht weitergeht.

»Setze deine Ziele groß genug, und die Umstände werden sich nach den Zielen richten.«

MAHATMA GANDHI

FRAGE DER WOCHE

Woran glauben Sie – heute, morgen, diese Woche und in Zukunft?

12. Adler glauben nicht an Wunder, aber machen Wunder möglich

Ein König versammelte einmal alle geistigen Führer seines Reiches um sich – Denker, Erfinder und Wissenschaftler – und gab ihnen den Auftrag, das Wissen dieser Welt so knapp wie möglich aufzuschreiben. Einige Monate später erschien eine Abordnung der Wissenschaftler vor dem König und überreichte ihm das gesammelte Wissen der Menschheit – komprimiert in hundert Büchern! Doch dem König war das viel zu ausführlich. Er entließ sie mit dem Auftrag, das Wissen noch viel knapper aufzuschreiben.

Nach wenigen Wochen sprach die Abordnung erneut vor und überreichte dem König zehn Bücher, doch auch das war dem Regenten noch viel zu ausführlich. Einige Wochen später kamen sie wieder in den Palast und überreichten dem König ein einziges Buch ... in der stolzen Gewissheit, knapper ginge es wohl nicht mehr. Doch selbst mit diesem einen Buch konnte sich der Auftraggeber nicht anfreunden. Abermals schickte er die klugen Köpfe seines Reiches fort.

Als die Gelehrten schließlich eine Woche später vor ihren König traten, präsentierten sie ihm einen Satz – und der stellte ihn schließlich zufrieden. Er lautete: »Alles ist möglich!«

Adlertipp

Wissen regiert die Welt. Doch wer bestimmt, was der Einzelne wissen muss? Und vor allem, wer legt fest, was der Einzelne kann? Sind es die Gene oder die Umwelt, die Familie oder der Freundeskreis, die einen beflügeln oder bremsen, die einem zusprechen oder Angst machen? Adler wissen, dass alles möglich ist – zumindest glauben sie daran. Und erreichen in jedem Fall damit mehr als die Ente, die immer nur schnattert, was nicht möglich ist. Weil nicht sein kann, was nicht sein darf!

»Man sieht nur mit dem Herzen gut, das Wesentliche bleibt für die Augen unsichtbar.«

ANTOINE DE SAINT-EXUPÉRY

FRAGE DER WOCHE

Wen können Sie mal wieder loben?

13. Adler fliegen oft alleine und sind dennoch in Gedanken beieinander

Eines Tages bat eine Lehrerin ihre Schüler, die Namen aller anderen Schüler in der Klasse auf ein Blatt Papier zu schreiben und zu überlegen, was das Netteste sei, das sie über jeden ihrer Klassenkameraden sagen können. Am Wochenende schrieb die Lehrerin jeden Schülernamen auf ein Blatt Papier und daneben die Liste der netten Bemerkungen, die ihre Mitschüler über den Einzelnen aufgeschrieben hatten. Am Montag gab sie jedem Schüler seine Liste. Schon nach kurzer Zeit lächelten alle. »Wirklich?«, hörte man flüstern. »Ich wusste ja nicht, dass mich andere so mögen.«

Die Übung hatte ihren Zweck erfüllt. Die Schüler waren glücklich mit sich und mit den anderen. Einige Jahre später war einer der Schüler in Vietnam gefallen, und die Lehrerin ging zu seinem Begräbnis. Die Kirche war überfüllt mit vielen Schulfreunden. Nach der Zeremonie warteten die Eltern des Verstorbenen offenbar sehnsüchtig darauf, mit der Lehrerin zu sprechen. »Wir wollen Ihnen etwas zeigen«, sagte der Vater und zog eine Geldbörse aus seiner Tasche. »Das wurde gefunden, als unser Sohn gefallen ist. Wir dachten, Sie würden es erkennen.« Aus der Geldbörse zog er ein stark abgenutztes Blatt, das offensichtlich zusammengeklebt und viele Male gefaltet worden war. Die Lehrerin erkannte, dass dies eines der Blätter war, auf denen die netten Dinge standen, die seine Klassenkameraden über den Jungen geschrieben hatten. »Wir möchten Ihnen so sehr dafür danken, dass Sie das gemacht haben«, sagte die Mutter. »Wie Sie sehen können, hat unser Sohn das sehr geschätzt.« Alle früheren Schüler versammelten sich um die Lehrerin – offensichtlich hatten alle ihre Liste aufbewahrt. Die Lehrerin war so gerührt, dass sie weinte.

Adlertipp

Im Zusammenleben mit unseren Mitmenschen vergessen wir oft, dass jedes Leben eines Tages endet. Adler sind selbständig in ihrer Handlung, schätzen ihre Artgenossen und zeigen es ihnen durch kleine Aufmerksamkeiten, wie z. B. ein Lob. Enten leben zwar im Rudel, doch reden und lästern sie gerne über andere. Sie schätzen und respektieren ihre Mitmenschen nicht so, wie sie es sich selbst von anderen wünschen.

»Durch meine Niederlagen habe ich mehr gelernt als durch all meine Siege.«

OTTO VON BISMARCK

FRAGE DER WOCHE

Von welchem Fehler/aus welcher Niederlage haben Sie am meisten profitiert?

14. Adler kennen auch Niederlagen, aber bleiben trotzdem Sieger

In Frankfurt verkalkulierte sich einmal ein junger Broker an der Börse und setzte durch eine falsche Anlagestrategie im Namen seiner Bank 15 Millionen Euro in den Sand. Daraufhin ließ der Vorstand ihn zu sich rufen. Völlig zerknirscht und wohl wissend, dass dies die Kündigung bedeutete, ging der junge Mann in den Raum, wo ihn bereits der Vorstandschef und zwei der wichtigsten Manager erwarteten. Bevor diese überhaupt zu Wort kamen, legte er seine Kündigung auf den Tisch und sagte: »Ich weiß, dass ich einen schrecklichen Fehler gemacht habe. Bevor Sie mich hinauswerfen, kündige ich lieber!« Doch der Vorstandsvorsitzende sagte nur: »Sind Sie verrückt, junger Mann, jetzt, wo ich 15 Millionen in Ihre Ausbildung gesteckt habe, kann ich Sie doch nicht entlassen!« Der junge Broker konnte es gar nicht fassen und brachte, durch dieses Erlebnis beflügelt, der Bank schon innerhalb eines Jahres 60 Millionen Euro Gewinn ein.

Adlertipp

Erfahrungen zu sammeln heißt auch, Fehler zu machen. Adler wissen, dass Fehler menschlich sind. Enten aber haben Angst, Fehler zu machen. Sie verschwenden so viel Energie mit der Vermeidung von Fehlern, dass sie dabei hochgradig ineffektiv sind. Die schnellste und effektivste Möglichkeit, aus Fehlern zu lernen, möchte ich Ihnen in drei Stufen aufzeigen.

1. Ich mache mir meinen Fehler oder die Erfahrung aus einer Situation bewusst, indem ich mir eine Liste mit den damit verbundenen unerwünschten Erfahrungen anlege.
2. Sollte eine negative Erfahrung schon in der Liste stehen, unterstreiche ich diese jetzt rot. Beim dritten Mal unterstreiche ich diese ein weiteres Mal.
3. Nach einiger Zeit unterteile ich ein zweites Blatt in zwei Spalten. In die linke Spalte notiere ich die schon dreimal gemachten Erfahrungen, in die rechte Spalte schreibe ich, was ich daraus gelernt habe und was ich tun werde, um das Gleiche nicht noch einmal zu erleben.

Allein durch das Aufschreiben und Bewusstmachen Ihrer negativen Erfahrungen lässt sich so manches Problem lösen und für die Zukunft positiv nutzen.

»Die wichtigste Stunde in unserem Leben ist immer der gegenwärtige Augenblick.«

LEO TOLSTOI

FRAGE DER WOCHE

Nutzen Sie jede Minute Ihres Lebens – ob Anspannung oder Entspannung – bewusst? Was tun Sie gerade?

15. Adler denken an die Zukunft und genießen den Augenblick

Ein Fischer sitzt am Strand und blickt auf das Meer, nachdem er die Ernte seiner mühseligen Ausfahrt auf den Markt gebracht hat. Warum er nicht einen Kredit aufnehme, fragte ihn ein Tourist. Dann könne er einen Motor kaufen und das Doppelte fangen. Das würde ihm mehr Geld bringen – für einen Kutter und einen zweiten Mann. Zweimal täglich auf Fang zu gehen hieße, das Vierfache zu verdienen. Warum er eigentlich herumtrödele? Auch ein dritter Kutter wäre zu beschaffen, das Meer könnte viel besser genutzt werden, ein Stand auf dem Markt, Angestellte, ein Fischrestaurant, eine Konservenfabrik ... dem Touristen leuchteten die Augen. »Und dann?«, unterbricht ihn der Fischer. »Dann brauchen Sie gar nichts mehr zu tun. Dann können Sie den ganzen Tag sitzen und glücklich auf Ihr Meer hinausblicken!« »Aber das tue ich doch jetzt auch schon«, sagte der Fischer.

Adlertipp

Lieben Sie das Leben? Dann verschwenden Sie keine Zeit, denn daraus ist das Leben gemacht. Nutzen Sie Ihre Zeit sinnvoll. Enten leben nur in den Tag, Adler erleben den Tag. Vielleicht kennen Sie den Film *Und täglich grüßt das Murmeltier*. Dort erlebt ein Mann ein und denselben Tag immer wieder.

Wie sieht Ihr perfekter Tag aus? Was hören, sehen und fühlen Sie? Welche wundervollen Erfahrungen erleben Sie an diesem Murmeltier-Tag? Wenn Sie einen Tag immer wieder erleben könnten, was würden Sie von diesem Tag lernen? Was würden Sie versuchen, auch wenn es schief geht? Egal, welche Ergebnisse Sie durch Ihre Handlungen erzielen, Sie können es morgen auf ein Neues probieren und dennoch aus Ihren vergangenen Erfahrungen lernen. Denn dieser selbe Tag beginnt morgen wieder! Heute gibt's morgen auch noch.

»Der einzige Weg, nie auf die Nase zu fallen, ist der, stets auf dem Boden zu kriechen.«

HEINZ RIESENHUBER

FRAGE DER WOCHE

Was wagen Sie diese Woche und welchen Preis müssen Sie bezahlen, wenn es nicht klappt?

16. Adler sind mutig und überwinden ihre Ängste

Ein Chef, der für seinen autoritären Führungsstil bekannt war, lud zu einer Pool-Party seine rund 40 Führungskräfte ein. In seiner Rede erklärte er, dass die Führungskräfte einfach zu wenig Mut und Risikobereitschaft hätten. Heute Abend jedoch erhielten sie die Chance, Mut zu beweisen. »Im Pool befindet sich ein Krokodil«, erklärt der Chef, »und wer den Mut hat, hineinzuspringen und ihn zu durchschwimmen, hat einen Wunsch frei!«

Die Gäste schweigen! Die Party geht weiter und jeder spielt mit dem Gedanken, wie es wohl wäre, jeden Wunsch erfüllt zu bekommen. In den Pool traut sich allerdings keiner hinein, denn keiner ist bereit, den Preis dafür zu bezahlen. Bis es plötzlich einen »Platscher« gibt und der Marketingmanager so schnell er nur kann den Pool durchquert – das Krokodil dicht auf den Fersen. Auf der anderen Seite dem Pool entstiegen, eilt der Chef zu ihm. »Gratuliere! Aber sagen Sie mal, was in aller Welt hat Sie dazu bewogen, in den Pool zu springen?« Darauf antwortete der Marketingmanager noch völlig außer Atem: »Springen? Ich wüsste zu gerne, wer mich in den Pool geschubst hat!«

Adlertipp

So manche großen Träume sind zerplatzt, weil wir uns nicht getraut haben, ein Risiko einzugehen und ins kalte Wasser zu springen. Enten suchen und sehnen sich nach völliger Sicherheit im Leben. Doch oft müssen wir zuerst etwas wagen, um das sichere Ufer zu erreichen. Adler dagegen überlegen sich, was das Schlimmste ist, das ihnen passieren kann, und treffen Vorsorge. Sie kalkulieren ihr Risiko. Wenn sie schon an der Börse spekulieren, dann haben sie sich dafür auch Spielgeld reserviert und müssen nicht am Hungertuch nagen.

»Erfolg ist einzig und allein eine Frage der richtigen Strategie.«

WOLFGANG MEWES

FRAGE DER WOCHE

Notieren Sie eine Strategie für eines Ihrer Ziele. Welchen neuen Weg werden Sie einschlagen?

17. Adler bleiben ihrem Ziel treu, auch wenn sie ihre Strategie wechseln

Eine Weisheit der Dakota-Indianer sagt: »Wenn du entdeckst, dass du ein totes Pferd reitest, steig ab.« Doch im Leben versuchen wir oft andere Strategien, nach denen wir in dieser Situation handeln:

Wir besorgen eine stärkere Peitsche. Wir wechseln die Reiter. Wir sagen: »So haben wir das Pferd immer geritten.« Wir gründen eine Arbeitsgruppe, um das Pferd zu analysieren. Wir besuchen andere weit entfernte Orte, um zu sehen, wie man dort tote Pferde reitet. Wir erhöhen die Qualitätsstandards für den Beritt toter Pferde. Wir schieben Trainingseinheiten ein, um besser reiten zu lernen. Wir stellen Vergleiche unterschiedlich toter Pferde an. Wir ändern die Kriterien, die besagen, ob ein Pferd tot ist. Wir erklären: »Kein Pferd kann so tot sein, das man es nicht noch schlagen könnte.« Wir beantragen zusätzliche Mittel, um die Leistung des Pferdes zu erhöhen. Wir machen eine Studie, um zu sehen, ob es Berater gibt, die das tote Pferd billiger reiten. Wir kaufen ein Produkt, das tote Pferde schneller laufen lässt. Wir erklären, dass unser Pferd »besser, billiger und schneller« tot ist. Wir bilden noch eine Arbeitsgruppe, um eine Verwendung für tote Pferde zu finden. Wir überarbeiten die Leistungsbedingungen für tote Pferde. Wir richten eine selbständige Kostenstelle für tote Pferde ein. Wir lassen das tote Pferd 48 Stunden ausruhen und probieren aus, ob es danach wieder läuft.

Adlertipp

Adler denken um und bleiben offen für Neues, wenn sie merken, dass eine gewisse Strategie sie nicht weiterbringt. Enten bleiben hingegen oft verzweifelt an einer Aufgabe hängen, die sich vielleicht bereits längst überholt hat. Haben Sie den Mut, einmal abzusteigen, etwas ad acta zu legen und sich einem völlig neuen, lohnenswerten Projekt zuzuwenden.

»Disziplin gibt dir die Sicherheit, dass das, was du tust, gut für dich ist.«

BILL SACKS

FRAGE DER WOCHE

Welche Aufgabe, die Sie schon seit längerem vor sich herschieben, erledigen Sie diese Woche? Und wie belohnen Sie sich dafür?

18. Adler haben Glück im Leben, aber sie verlassen sich nicht darauf

Bernhard Langer, der bekannte Golf-Profi, schlug einmal einen Ball in eine Baumkrone. Er kletterte hoch und schaffte es tatsächlich, den Ball aus der Baumkrone zu schlagen und auch noch direkt einzuputten. Auf die Frage eines Reporters, wie er das gemacht habe, verbunden mit der Aussage »Da hatten Sie ja wirklich enormes Glück!«, antwortete *Langer:* »Wissen Sie, je mehr ich übe, umso mehr Glück habe ich!«

Adlertipp

Um effektiv und zielorientiert zu handeln, benötigt jeder eine große Portion Disziplin. Auch wenn das Wetter zu einem Spaziergang einlädt oder die vorangegangene Nacht zu kurz war, seien Sie konsequent. Wenn sie sich vorgenommen haben, am heutigen Tag dieses oder jenes (Zwischen-)Ziel zu erreichen, dann erreichen Adler es auch; sie sind diszipliniert.

Künftig müssen Sie eben planen und überlegen, ob es realistisch ist, sich nach einem Konzertbesuch am Vorabend morgens um halb neun den ersten Termin einzutragen. Enten bleiben dann einfach liegen und sagen den Termin ab – und daraus wird dann oft eine Gewohnheit. Man soll das Leben doch genießen, oder?

Gewöhnen Sie sich beim Genießen an die Disziplin und übernehmen Sie Verantwortung für sich und Ihr Handeln.

»Es ist besser, einen Tag als Adler gelebt zu haben als hundert Jahre als Ente.«

ARDESCHYR HAGMAIER

FRAGE DER WOCHE

Wer bin ich und was werde ich in Zukunft sein?

19. Adler müssen nicht lieben, was sie tun, denn sie tun nur das, was sie lieben

Der amerikanische Prediger *Henry Ward Beecher* erzählte gerne die Geschichte vom arbeitslosen Steinmetz, der nach Brooklyn, New York, ging, um dort Arbeit zu suchen: Er sah ein gerade im Bau befindliches großes Gebäude. Schnell eilte er zum Vorarbeiter, berichtete ihm von seiner Ausbildung und seiner langjährigen Erfahrung und bat um Arbeit. Der Vorarbeiter gab dem Steinmetzen einen Teil eines Modells, das er in Stein meißeln sollte.

Als er die Arbeit erledigt hatte, brachte er sie dem Vorarbeiter und erhielt wieder eine ähnliche Aufgabe. Das ging Tag für Tag, Woche für Woche so. Der Steinmetz war ein wenig enttäuscht, weil er keine größere Aufgabe bekam. Aber gehorsam meißelte er nach den Modellvorlagen und legte sein ganzes handwerkliches Geschick in diese Arbeit. Dann endlich war das Gebäude fertig, die Plane wurde abgenommen und ein herrliches Bauwerk kam zum Vorschein. Der Steinmetz war erstaunt, die ganzen kleinen Arbeiten, die er getan und so gering geschätzt hatte, so wunderbar zusammengefügt zu sehen. Sie schmückten die Vorderseite des Gebäudes und ergaben ein großartiges Ganzes. Die Gefühle überwältigten ihn, als er ausrief: »Ich bin so froh, mein Bestes gegeben zu haben!«

Adlertipp

Adler tun das, was sie lieben. Enten müssen lieben, was sie tun. Erkennen Sie den kleinen, aber feinen Unterschied? Sind Sie begeistert von dem, was Sie tun? Nur wenn Sie wirklich hinter Ihrem täglichen Tun stehen, können Sie auch außergewöhnliche Ergebnisse erzielen. Diese Identifikation gibt Ihnen die Kraft, große Ziele zu erreichen und andere zu begeistern. Eine Veränderung unserer persönlichen Definition, unserer Identität, wird sofort die Begabung verändern, die wir zeigen. – Oft sind es auch die vielen Kleinigkeiten, für die wir uns begeistern müssen. Und genau hier liegt der Schlüssel des Erfolgs.

»Sie können es, weil Sie glauben, dass Sie es können.«

VERGIL

FRAGE DER WOCHE

Was können Sie wirklich gut?

20. Adler wissen nicht alles, aber sie wissen, wer sie sind

Ein chinesischer Kaiser hörte von einem großen Künstler, der sich auf Tuschezeichnungen verstand. Er beschloss, den Künstler zu besuchen. »Zeichne mir einen Hahn«, beauftragte ihn der Kaiser, »ich mag Hähne.« Dies versprach der Künstler, worauf der Kaiser zu seinem Schloss zurückkehrte. Nach drei Jahren erinnerte sich der Kaiser an den Künstler und fragte nach dem Hahn. Niemand wusste etwas darüber. Da besuchte der Kaiser den Künstler ein zweites Mal. Er wollte ihn zur Rechenschaft ziehen. »Wo ist die Tuschezeichnung, die ich in Auftrag gab? Einen Hahn solltest du mir zeichnen.« »Nun ja, dein Hahn«, erwiderte der Künstler. Und er nahm ein großes Blatt und zeichnete in wenigen Augenblicken einen wunderschönen Hahn. Der Kaiser war zufrieden. Über den Preis allerdings war er erschrocken. »In wenigen Augenblicken zeichnest du mühelos einen Hahn und willst so viel Geld haben?« Da nahm ihn der Künstler mit und führte ihn durch sein Haus. In allen Räumen lagen große Papierstöße mit Zeichnungen – und auf allen waren Hähne zu sehen. »Siehst du«, sagte der Künstler, »der Preis ist gerecht. Was dir so mühelos erscheint, das hat mich viel gekostet. Über drei Jahre habe ich gebraucht, um dir in wenigen Augenblicken diesen Hahn zu zeichnen.«

Adlertipp

Nichts ist so wertvoll im Leben eines Menschen wie das Wissen um das eigene Können. Adler wissen, was sie können, zu was sie fähig sind. Diese Identität ist die Grundlage allen Handelns und auch die Zuversicht, anderen Menschen mit dem eigenen Tun optimalen Nutzen zu bieten. Adler sind auch bereit, bewusst an der eigenen Leistung zu arbeiten, diese zu verbessern. Enten hingegen wissen nicht so genau, was sie können und warum sie etwas tun. Sie schwimmen einfach, leben in den Tag hinein und quaken.

»Glück entsteht oft durch Aufmerksamkeit in kleinen Dingen, Unglück oft durch Vernachlässigung kleiner Dinge.«

WILHELM BUSCH

FRAGE DER WOCHE

Welche kleinen Dinge machen Ihre Woche wertvoll?

21. Adler kennen die Schattenseiten und leben auf der Sonnenseite

Zu einem alten Rabbi kam ein Mann und klagte: »Rabbi, mein Leben ist nicht mehr erträglich. Wir wohnen zu sechst in einem einzigen Raum. Was soll ich nur machen?« Der Rabbi antwortete: »Nimm deinen Ziegenbock mit ins Zimmer.« Der Mann glaubte, nicht recht gehört zu haben. »Den Ziegenbock mit ins Zimmer?« »Tu, was ich dir gesagt habe«, entgegnete der Rabbi, »und komm nach einer Woche wieder.« – Nach einer Woche kam der Mann wieder, total am Ende. »Wir können es nicht mehr aushalten, der Bock stinkt fürchterlich!« Der Rabbi sagte zu ihm: »Geh nach Hause und stell den Bock wieder in den Stall. Dann komm nach einer Woche wieder.« Die Woche verging. Als der Mann zurückkam, strahlte er über das ganze Gesicht: »Das Leben ist herrlich, Rabbi. Wir genießen jede Minute. Kein Ziegenbock – nur wir sechs.«

Adlertipp

Das Leben ist herrlich! Alles auf der Welt ist eine Frage des Blickwinkels. Es liegt allein in Ihrem Ermessen, wie Sie eine Situation bewerten. Alles auf der Welt hat zwei Seiten. Suchen Sie sich die richtige Seite aus, und Ihr Leben wird zufrieden verlaufen. Adler haben gelernt, ihre Erfolge zu genießen. Denn wer nicht genießt, wird irgendwann selbst ungenießbar. Pflegen Sie bei aller Leidenschaft für den Erfolg und bei allem persönlichen Engagement auch die anderen Bereiche Ihres Lebens. Ob Familie, Freunde oder nur die eigene Gesundheit – Sie sollten ein möglichst ausgeglichenes Leben führen. Nur so haben Sie ausreichend Energie, wirklich etwas im Leben zu bewegen. Und sich nicht wie die Enten als Maus im Laufrad, fremdbestimmt und ohnmächtig den Launen des Schicksals ausgeliefert zu fühlen.

»Man darf niemandem seine Verantwortung abnehmen, aber man soll jedem helfen, seine Verantwortung zu tragen.«

HEINRICH WOLFGANG SEIDEL

FRAGE DER WOCHE

Wem können Sie diese Woche ganz konkret helfen?

22. Adler fallen nicht, sondern fliegen

Es war Nacht und regnete in Strömen. Ein Fabrikarbeiter fuhr von seiner Nachtschicht nach Hause. Er kam mit seinem Auto über eine Brücke, die direkt über den Neckar führte. Da sah er eine Frau, die offensichtlich gerade im Begriff war, von der Brücke zu springen, um sich das Leben zu nehmen. Der Fabrikarbeiter trat auf die Bremse, stürmte aus seinem Auto und zog die Frau von der Brüstung herunter. Er unterhielt sich mit der Frau und erzählte ihr eine Viertelstunde lang, wie schön die Welt doch sei. Nach diesen 15 Minuten sprangen beide von der Brücke.

Adlertipp

Aus Erfahrung wissen Sie, dass es leichter ist, von einem Adler- in einen Entenzustand zu kommen. Wenn Sie rundherum nur Jammern hören, wie schlecht es allen geht und dass man sowieso an der gesamten Situation nichts ändern kann, stimmen Sie vielleicht bald ebenfalls in dieses Entengequake mit ein. Es ist leichter, jemanden herunterzuziehen, als jemanden zum Fliegen zu bewegen. Adler übernehmen die Verantwortung für sich selbst, für ihr Denken und ihr Handeln. Vermeiden Sie es aber, die Verantwortung für die ganze Welt auf Ihre Schultern zu laden. Das hält der stärkste Adlerrücken nicht aus. Und wie schnell müssten Sie dann im Ententeich zwischenlanden!

»Die Zukunft hat viele Namen. Für die Schwachen ist sie die Unerreichbare, für die Furchtsamen ist sie die Unbekannte, für die Tapferen ist sie die Chance.«

VICTOR HUGO

FRAGE DER WOCHE

Welches Problem ist für Sie eine Chance?

23. Adler erkennen in jedem Problem die Chance und suchen nicht in jeder Chance das Problem

Im alten Indien verurteilte ein König einen Mann zum Tode. Dieser bat den König, das Urteil aufzuheben, und stellte ihm in Aussicht: »Wenn Ihr mich verschont, dann werde ich Eurem Pferd innerhalb eines Jahres das Fliegen beibringen.« Der König ging auf den Handel ein: »Ich bin einverstanden, aber wenn das Pferd in dieser Zeit nicht fliegen lernt, wirst du sterben.« Die Freunde des Mannes waren entsetzt und stellten ihm die Frage: »Wie konntest du dem König nur diesen Handel anbieten? In einem Jahr wirst du sterben!« Woraufhin der Mann sagte: »In einem Jahr kann viel passieren: Der König könnte sterben oder das Pferd – und wer weiß, vielleicht lernt es ja doch fliegen, wer kann das schon vorhersagen?«

Adlertipp

Enten sehen in jeder Chance ein Problem und quaken. Adler erkennen in jedem Problem ihre Chance und handeln. Enten erzählen Ihnen, warum es nicht geht, und quaken. Adler wissen auch, dass vielleicht manchmal etwas nicht geht, überlegen aber zugleich, wie es gehen könnte, probieren einfach etwas Neues aus, suchen Mittel und Wege. Sie können sich in jedem Moment Ihres Lebens neu entscheiden, ob Sie als Adler in jedem Problem eine Chance sehen oder als Ente in jeder Chance ein Problem. Und geben Sie den Dingen auch Zeit, wenn Ihnen momentan keine Lösung einfällt.

»Kluge Leute lernen auch von ihren Feinden.«

ARISTOTELES

FRAGE DER WOCHE

Was können Sie tun, um bei einem verbalen Angriff auf Sie entspannt und sachlich zu bleiben?

24. Adler sind schlagfertig, ohne den anderen zu verletzen

Ein Ehepaar fuhr am Wochenende an einen See, wo man fischen konnte. Der Ehemann liebte es, im Morgengrauen zu fischen, und seine Frau las sehr gern. Eines Morgens kam der Mann nach mehreren Stunden fischen zurück und legte sich ein paar Stunden schlafen. Obwohl die Ehefrau sich in der Gegend nicht auskannte, entschied sie, mit dem Boot zu fahren. Sie ruderte eine kurze Strecke, warf den Anker und nahm ihre Lektüre auf.

Nach kurzer Zeit erschien der Parkwächter in seinem Motorboot. Er sprach sie an: »Guten Morgen, gnädige Frau. Was machen Sie denn hier?« »Ich lese«, antwortete sie und dachte für sich: »Ist dies nicht offensichtlich?« »Sie befinden sich hier aber in der Zone, in der Fischen verboten ist.« »Aber ich fische doch gar nicht. Das sehen Sie doch.« »Tjaaa, Sie haben aber die komplette Ausrüstung dabei. Ich werde Sie mitnehmen und Ihnen einen Strafzettel ausstellen müssen.« »Wenn Sie das tun, werde ich Sie wegen Vergewaltigung anzeigen!«, erwiderte die erboste Frau. »Aber ich habe Sie doch gar nicht berührt!« »Tjaaa, Sie haben aber die komplette Ausrüstung dabei!«

Adlertipp

Manchmal ist man einfach so erstaunt, dass einem gar nichts mehr einfallen will. Da wird man angegriffen, verbal attackiert und kann einfach nicht kontern – schon gar nicht auf die charmante Art und Weise. Adler bleiben immer locker und fair, trainieren aber gleichzeitig ihre Schlagfertigkeit. Sie haben eine Antwort parat und verblüffen ihre Gesprächspartner so wie die vermeintliche Anglerin. Enten hingegen fühlen sich persönlich angegriffen und schlagen im wahrsten Sinne des Wortes zurück. Sie attackieren den Gesprächsgegner und wundern sich, dass keine Einigung zu erzielen ist.

»Es ist nicht wenig Zeit, die wir haben, sondern viel Zeit, die wir nicht nutzen.«

SENECA

FRAGE DER WOCHE

Welche konstruktiven Vorschläge für Problemlösungen können Sie diese Woche einbringen?

25. Adler hören sich die Probleme an, reden aber über Lösungen

Nach einer heißen Diskussion in einem Führungskräfte-Meeting unterhielten sich zwei Manager. Fragt der eine: »Herr Kollege, was sagten Sie gerade in Ihrer großartigen und überzeugenden Rede zur Lösung des aktuellen Problems?« »Nichts!«, antwortet der andere Manager. »Ja, ja, das ist mir schon klar. Ich wollte nur wissen, wie Sie es formuliert haben ...«

Adlertipp

Je mehr Enten quaken, umso uninteressanter wird es. Das wissen Adler. Darum hören sie genau hin, ja sogar hinein in ihre Gesprächspartner. Dabei sind sie keine Hellseher – solche, die meinen zu wissen, was der andere denkt. Sie versetzen sich in die Lage des Gesprächspartners, hinterfragen und erfahren dadurch oft etwas mehr. Sie haben gelernt, nicht nur zwischen den Zeilen zu lesen, sondern auch, zwischen dem Gesagten zuzuhören. Wenn sie reden, sprechen sie von Lösungen, Möglichkeiten und Chancen.

»Lebenskunst ist die Kunst des richtigen Weglassens.«

COCO CHANEL

FRAGE DER WOCHE

Welche Dinge machen Sie diese Woche wieder einfacher?
Wo wollen Sie ökonomisch vorgehen?

26. Adler denken komplex und vereinfachen die Dinge

Der amerikanische Filmschauspieler *Donald Sutherland* hatte es sich zum Prinzip gemacht, keine Autogramme zu geben. Er hielt es für anmaßend und für den Ausdruck schlechten Geschmacks, denn er wollte als ganz normaler Mensch wie jeder andere erscheinen. Eines Tages bekam er einen Brief, in dem ihn ein Elternpaar um ein Autogramm für ihren Sohn bat, der bald Geburtstag hatte. *Sutherland* setzte sich hin und verfasste einen dreiseitigen Brief, in dem er freundlich und ausführlich darlegte, warum er grundsätzlich keine Autogramme gebe. Zwei Wochen später bekam er die Antwort der Eltern. Sie bedankten sich für das Schreiben, ließen ihn aber wissen, dass sie noch nie einen so lächerlichen Brief bekommen hätten. »Wir haben Ihre Unterschrift unter dem Brief ausgeschnitten und unserem Sohn gegeben. Sie hätten sich die ganze Sache also einfacher machen können.«

Adlertipp

Im Leben von Enten oder Adlern gilt ein Grundsatz für beide: Faul und schlau ist oftmals effektiver als dumm und fleißig. Nicht länger, härter oder mehr zu arbeiten, sondern ökonomischer zu sein als andere, das ist ein wesentlicher Erfolgsgrundsatz. Adler leben hierbei auch die Kultur der Einfachheit! Das bedeutet nicht, dass sie es sich einfach machen. Sie wissen nur, dass vieles nicht so heiß gegessen wie gekocht wird. Enten machen es sich einfach, warten auf Futter und strampeln alle auf einmal los, wenn jemand mit Brot vor dem Ufer steht. Enten machen die einfachen Dinge kompliziert und quaken, statt komplexe Dinge wieder einfach zu machen wie ein Adler.

»Nicht das Beginnen wird belohnt, sondern einzig und allein das Durchhalten.«

KATHARINA VON SIENA

FRAGE DER WOCHE

Woran glauben Sie? Haben Sie genug Vertrauen (in sich, in Ihr Ziel), um durchzuhalten?

27. Adler glauben an ihre Ziele, ohne den genauen Weg zu kennen

Eine Gruppe von Wanderern geriet in den Schweizer Alpen in einen schweren Schneesturm. Sie kam vom Weg ab und verirrte sich. Schließlich hatte sie sich so verlaufen, dass die Ersten die Hoffnung bereits aufgaben. Sie hielten an, stellten ihr schweres Gepäck ab und beratschlagten, was zu tun sei. Niemand wusste eine Antwort. Da entdeckte einer der Wanderer eine Karte in seinem Rucksack. Die Gruppe schöpfte neuen Mut. Sie überlegten, wo sie sich jetzt befanden und wie sie am schnellsten ins nächste Dorf gelangen konnten. Sie machten sich auf den Weg; der Wanderer mit der Karte ging voran, die anderen folgten. So erreichten sie nach zwei oder drei Stunden ein kleines Bergdorf. Sie waren gerettet! Ein Bauer nahm sie auf. Die Wanderer erzählten ihm von ihrem Abenteuer und welches Glück sie gehabt hatten, dass einer von ihnen gerade noch rechtzeitig die lebensrettende Karte entdeckt hatte. Da sah sich der Bauer die Karte genauer an und brach in Gelächter aus: »Das ist gar keine Karte von den Schweizer Alpen, das ist eine Karte von den Pyrenäen!«

Adlertipp

Jeder von uns ist heute darauf angewiesen, Höchstleistungen erbringen zu können, um erfolgreich im Beruf, aber auch im Privatleben zu sein. Um immer volle Power fahren zu können, müssen Adler mit ihrem Brennstoff, ihrer Energie, gut wirtschaften. Diese Energie können wir erhöhen, indem wir an uns und unser Ziel glauben. Enten glauben, dass etwas nicht funktioniert, und erleben dann auch, dass es nicht funktioniert. Das bedeutet, dass Sie genau das erleben werden, was Sie vorher geglaubt haben. Sie haben es in der Hand!

»Aquila non captat muscas. – Der Adler fängt keine Mücken!« Er gibt sich nicht mit Kleinigkeiten ab!

LATEINISCHE WEISHEIT

FRAGE DER WOCHE

Frage der Woche: Worauf richten Sie diese Woche Ihre Energie? Welchen Kraftstoff verwenden Sie?

28. Adler haben die Kraft, sich zu entspannen

Völlig außer Atem rennt ein Mann zum Bootssteg, schleudert seinen Koffer auf die drei Meter entfernte Fähre, springt hinterher, zieht sich mit letzter Kraft an Bord und stöhnt erleichtert: »Gerade noch geschafft!« »Gar nicht mal so schlecht«, sagt der Matrose, der ihn beobachtet hat, »aber warum haben Sie nicht einfach gewartet, bis wir angelegt haben?«

Adlertipp

Es heißt immer, jeder kocht nur mit Wasser. Dieser bildliche Ausdruck soll näher bringen, dass alle Menschen, um zu irgendeinem Erfolg zu gelangen, den gleichen Ausgangspunkt haben. Warum sind Adler aber trotzdem schneller, müheloser oder effektiver als andere? Es stimmt, wir alle haben die gleichen Ressourcen von der Natur mitbekommen, nur sind wir alle mit unterschiedlicher Strategie am Werk. Die einen stellen ihr Wasser in die Mikrowelle, die anderen auf die offene Gasflamme und die Nächsten sind möglicherweise Enten und deshalb sehr lange damit beschäftigt, mit Hilfe eines Brennglases eine Feuerstelle zu errichten. Übersetzt heißt das: Wir fahren alle mit unterschiedlichen Kraftstoffen. Darum sollten wir stets bemüht sein, den wirtschaftlichsten Kraftstoff zu wählen – auf dem effektivsten Weg zum Ziel.

»Wenn du eine weise Antwort verlangst, musst du vernünftig fragen.«

JOHANN WOLFGANG VON GOETHE

FRAGE DER WOCHE

Welche Frage müssen Sie stellen, um Ihr Gegenüber zu überzeugen?

29. Adler stellen bessere Fragen und bekommen noch bessere Antworten

In einem Kloster unterhält sich ein neuer Novize mit dem Abt über sein zukünftiges Leben im Kloster. Da er ein besonders starker Raucher ist, fragt er den Abt, ob es erlaubt sei, beim Beten zu rauchen. Der Abt lehnt dies strikt ab und sagt: »Nein, das ist bei uns verboten, beim Beten wird nicht geraucht.« Als er sich am nächsten Tag in der Kapelle zum Beten niederlässt, sieht er neben sich einen alten Pater, der betet und genüsslich dabei sein Pfeifchen raucht. Nun ist der Novize verärgert, weil der Abt ihm ja verboten hat, beim Beten zu rauchen. Da fragt der alte Pater, warum er denn so aufgeregt sei, und der Novize erklärt ihm, dass der Abt ihm verboten habe, beim Beten zu rauchen. »Was hast du denn den Abt genau gefragt?«, erkundigt sich der alte Pater, und der Novize antwortet: »Ich habe ihn gefragt, ob ich beim Beten rauchen darf. Und da hat er Nein gesagt.« »Tja«, lacht der alte Pater und sagt: »Siehst du, ich habe ihn gefragt, ob ich beim Rauchen beten darf. Und da hat er Ja gesagt.«

Adlertipp

Die Qualität der Fragen entscheidet über die Qualität der Antworten. Die Frageform der Ente ist vergangenheitsorientiert. Enten quaken über Dinge, die sie nicht mehr ändern können. Wenn Enten vor einem Problem stehen, stellen sie sich meistens Fragen, die sie oft noch tiefer in den Tümpel ziehen, wie z. B.: »Warum muss immer mir so etwas passieren? Was kann ich dafür, dass es passiert ist? Warum ich?«

Doch schlechte Fragen führen uns zu schlechten Antworten: »Weil du zu groß, zu klein, zu voreilig, zu dumm, zu ängstlich oder zu unerfahren bist …« Adler hingegen stellen andere Fragen, wie z. B.: »Angenommen, es gäbe für mich eine ideale Lösung, wer könnte mir weiterhelfen? Was lerne ich daraus? Wie komme ich aus dem Teich wieder heraus?«

»Bewältige eine Schwierigkeit, und du hältst hundert von dir fern.«

KONFUZIUS

FRAGE DER WOCHE

Welches Problem/welche Herausforderung meistern Sie diese Woche erfolgreich? Was sind Ihre Stärken dabei?

30. Adler suchen die Hindernisse und haben es leichter im Leben

Ein kleiner Junge sieht, wie sich ein Schmetterling mühsam aus seinem Kokon befreien möchte. Er hat Mitleid mit ihm und öffnet deshalb den Kokon vorsichtig mit seinem Taschenmesser, so dass der Schmetterling leicht hinausklettern kann. Der Schmetterling macht ein paar Flügelschläge und fällt dann tot zu Boden. Ganz traurig geht der Junge zu seinem Vater und erzählt ihm von dem Vorfall. Der Vater erklärt ihm: »Der Schmetterling braucht den Kampf mit dem Kokon, um für das Leben stark genug zu sein.«

Adlertipp

So lästig und unangenehm Hindernisse und Probleme auch sein können, so wichtig sind sie andererseits auch. Durch Probleme machen wir Bekanntschaft mit unseren Fähigkeiten. Probleme sind wie die Gewichte in einem Fitnesscenter: Sie stärken uns. Deshalb gehen Adler nicht allen Problemen aus dem Weg, sondern sind stattdessen dankbar für sie. Wenn wir sie meistern, gehen wir gestärkt aus ihnen hervor. Enten vermeiden Probleme, wo immer es geht, und wundern sich nicht einmal darüber, dass sie nicht wachsen.

»Erfahrung ist jener kostbare Besitz, der uns befähigt, einen Fehler sofort zu erkennen, um ihn dann geschickt zu vermeiden.«

ARDESCHYR HAGMAIER

FRAGE DER WOCHE

Aus welchem Fehler werden Sie diese Woche lernen? Was werden Sie in Zukunft anders machen?

31. Adler machen auch Fehler und gestalten ihre Zukunft richtig

1. Ich gehe eine Straße entlang. Da ist ein tiefes Loch im Gehsteig. Ich falle hinein. Ich bin verloren ... Ich bin ohne Hoffnung. Es ist nicht meine Schuld. Es dauert endlos, wieder herauszukommen.

2. Ich gehe dieselbe Straße entlang. Da ist ein Loch im Gehsteig. Ich tue so, als sähe ich es nicht. Ich falle wieder hinein. Ich kann nicht glauben, schon wieder am gleichen Ort zu sein. Aber es ist nicht meine Schuld. Immer noch dauert es sehr lange herauszukommen.

3. Ich gehe dieselbe Straße entlang. Da ist ein Loch im Gehsteig. Ich sehe es. Ich falle immer noch hinein ... aus Gewohnheit. Meine Augen sind offen. Ich weiß, wo ich bin. Es ist meine eigene Schuld. Ich komme sofort heraus.

4. Ich gehe dieselbe Straße entlang. Da ist ein tiefes Loch im Gehsteig. Ich gehe drum herum.

5. Ich gehe eine andere Straße.

Adlertipp

Sollte es Ihnen auch schon einmal passiert sein, dass Sie als Adler in einen Ententeich abgestürzt sind, dann wissen Sie spätestens jetzt: »Fehler zu machen ist menschlich, doch aus Fehlern nichts zu lernen ist unentschuldbar!« Als Adler sollten Sie sich dann ganz einfach an Land begeben, ein Handtuch nehmen und sich abtrocknen. Denn mit nassen Federn fliegt es sich schlecht. Adler wissen: Keine Situation und kein Ergebnis kann so schlecht sein, dass man nicht noch etwas daraus lernen kann. Und Erfahrungen, die Sie jetzt machen, können Ihnen oft bei zukünftigen Entscheidungen sehr hilfreich sein.

»Ein kluger Mann wird mehr Gelegenheiten schaffen, als sich ihm bieten.«

FRANCIS BACON

FRAGE DER WOCHE

Wie können Sie für sich diese Woche Gelegenheiten schaffen?

32. Adler schaffen Gelegenheiten und beherrschen die Kunst, sie zu nutzen

Nasrudin behauptete von sich, er sei der größte Schmuggler des Landes. Jeden Tag ging er mit seinem Esel über die Grenze. Seine Lastkörbe waren hoch mit Stroh beladen. Da die Grenzwachen wussten, was Nasrudin über sich sagte, durchsuchten sie ihn jedes Mal von oben bis unten. Sie durchsuchten seine Kleider, durchsiebten das Stroh und tauchten es ins Wasser, um es unbrauchbar zu machen. Manchmal nahmen sie es ihm auch einfach weg und verbrannten es. Sie konnten nichts finden.

Doch rätselhafterweise wurde Nasrudin immer wohlhabender. Eines Tages setzte er sich zur Ruhe. Da traf ihn ein Zollbeamter, der ebenfalls mittlerweile im Ruhestand war. »Jetzt kannst du es mir ja erzählen, Nasrudin«, sagte der Zollbeamte, »was hast du damals bloß geschmuggelt, dass wir dir nie irgendetwas nachweisen konnten?« Nasrudin antwortete: »Esel.«

Adlertipp

Manches ist anders, als es auf den ersten Blick wirkt. Adler blicken auch einmal hinter die Fassaden und machen sich ein genaues Bild vom Geschehen. Sie glänzen durch verblüffend einfache Dinge. Sie sind nicht die Lautesten unter uns. Ihre ungewöhnlichen und kreativen Strategien wirken durch Einfachheit und strahlen dadurch eine gewisse Genialität aus. Enten hingegen entwickeln wenig Fantasie, begnügen sich mit dem, was sie haben, und tun einfach das, was sie schon immer getan haben.

»Ein Leben ohne Feste ist eine weite Reise ohne Gasthaus.«

DEMOKRIT

FRAGE DER WOCHE

Was können Sie tun, um sich diese Woche täglich aufs Neue zu begeistern?

33. Adler sind nicht immer begeistert, aber sie handeln begeistert

Eines Abends kommt ein Mann in ein Gasthaus und bittet um ein Zimmer für eine Nacht. Es gefällt ihm so gut, dass er auch noch die nächste Nacht bleibt, schließlich eine Woche, einen Monat dort nächtigt. Jeden Abend sagt er zum Wirt: »Ich werde noch eine Nacht bleiben.« Nach zwei Monaten kommt der Wirt zum Gast und bietet ihm an: »Wenn Sie mir sagen, wie lange Sie bleiben, kann ich Ihnen sicher einen besseren Preis machen.« Doch darauf erwidert der Gast: »Danke, aber ich möchte mich jeden Tag neu entscheiden. Außerdem würden Sie sich schnell an meine Gegenwart gewöhnen und mich nicht mehr mit solcher Begeisterung und Leidenschaft verwöhnen.«

Adlertipp

Um den Adlerzustand dauerhaft zu erreichen, ist es wichtig, sich täglich für etwas zu begeistern. Es ist nicht genug, sich am Anfang einer Aufgabe zu motivieren und zu hoffen, dass diese Motivation auch in schwierigen Zeiten (oder wenn die Aufgabe zur Routine wird) anhält. So ging es schon manchem, der voller Elan begeistert an eine Sache heranging und auf halber Strecke im Ententeich landete. In diesem Entenzustand geben viele dann auch die Verantwortung ab und haben Sprüche drauf wie: »Ich war ja am Anfang motiviert, und dann kam das oder jenes, quak, quak, quak …!« Die Straße ist geteert mit guten Vorsätzen, die nie ganz erfüllt wurden, wie z. B.: »Ich werde abnehmen«, »Ich gehe regelmäßig joggen« oder »Ich werde aufhören zu rauchen« usw. Einer der Hauptgründe, warum es uns so oft nicht gelingt, das zu erreichen, was wir uns vornehmen, ist, dass wir es versäumen, uns immer wieder neu zu motivieren, um damit unsere Ziele zu erreichen.

»Ich bin bereit, überall hinzugehen, wenn es nur vorwärts ist.«

DAVID LIVINGSTONE

FRAGE DER WOCHE

Auf welche Veränderung stellen Sie sich diese Woche ein?

34. Adler sind schnell und nehmen sich dennoch Zeit

Zwei Freunde beschlossen, einen Safari-Urlaub in Afrika zu machen. Vor Ort suchten sie sich gleich den größten Park aus und beschlossen, das Terrain mit einer Jeep-Safari auf eigene Faust zu erkunden. Sie sahen u.a. Giraffen und Elefanten und staunten über das Leben der Tiere in ihrer natürlichen Umgebung.

In freier Wildbahn hatten sie plötzlich eine Panne mit ihrem Jeep, der »keinen Mucks« mehr von sich gab – ebenso wenig wie das Funkgerät. Auf Hilfe zu warten schien ihnen wenig aussichtsreich, also beschlossen sie, den Rückweg auf eigene Faust zu wagen. Sie nahmen Rucksack und Zelt aus dem Auto und gingen los.

Als sie für die Nacht das Zelt aufstellen wollten, überraschte sie ein offensichtlich hungriger Löwe, der begierig um Männer und Zelt schlich und sich langsam näherte. Der eine Mann erstarrte förmlich vor Schreck und wunderte sich über seinen Freund, der seine Turnschuhe anzog: »Sag mal, hast du nichts Besseres zu tun? Der Löwe wird dich trotzdem kriegen!« Darauf sagte sein Freund: »Das glaube ich nicht. Ich bin mit den Turnschuhen zwar nicht schneller als der Löwe, aber das muss ich auch gar nicht, denn ich bin in jedem Fall schneller als du.«

Adlertipp

Unsere Welt hat sich noch nie schneller gedreht als heute, die Wirtschaft ist ebenso schnelllebig und wechselhaft wie Trends. Denn was gestern noch Mode war, ist heute schon wieder überholt. Adler haben sich längst auf diese Geschwindigkeit eingestellt, ohne ihre Kraft und Energie zu verschwenden. Enten jammern ständig über die Veränderungen, Adler hingegen stehen diesen positiv gegenüber. Sie erkennen die enormen Entwicklungschancen und profitieren so vom Wandel. Sind Sie bereit, sich notfalls jeden Tag auf andere Dinge einzustellen und flexibel an Ihrem Erfolg zu arbeiten?

»Manchmal mag der Pessimist langfristig Recht bekommen, aber der Optimist hat bis dahin die vergnüglichere Reise.«

DANIEL REARDON

FRAGE DER WOCHE

Wie managen Sie Ihren emotionalen Zustand?

35. Adler kennen den Flop-Zustand und achten auf ihren Top-Zustand

Eines Tages kam ein Mann zum Arzt und erklärte, dass er immer so depressiv sei. Der Arzt erkannte bereits an der Haltung, dass der Mann wirklich ein großes Problem »auf seinen Schultern« trug. Denn er hatte diese nach innen gezogen, und sein Blick war meist zum Boden gerichtet. Schließlich gab der Arzt dem Mann ein Medikament und bat ihn, ab sofort aufrecht zu gehen und den Blick immer nach oben gerichtet zu halten. Das wäre ein wichtiger Bestandteil der medikamentösen Therapie. Was der Mann nicht wusste: Bei dem Medikament handelte es sich lediglich um ein Placebo, Traubenzucker in einer Medikamenten-Packung.

Nach einer Woche kam der Patient geheilt und freudestrahlend zum Arzt und berichtete, dass die Tabletten wirklich unschlagbar seien. Denn als er gerade auf dem Weg zum Arzt war, fiel unmittelbar vor ihm ein Dachziegel auf den Gehweg. Er war sicher, dass er ohne Tabletten davon getroffen worden wäre. Da offenbarte ihm der Arzt, dass nicht die Tabletten ihn vor einer Verletzung durch diesen Dachziegel bewahrt hatten, sondern sein Tipp, einfach nach vorne – sprich zuversichtlich – in die Zukunft zu schauen.

Adlertipp

Es gibt Tage, an denen alles klappt, und Tage, an denen nichts klappt. Kennen Sie das Gefühl, auf einer Erfolgswelle zu reiten, egal was Sie tun? Wahrscheinlich kennen Sie aber auch Tage, an denen alles, was nur schief gehen kann, auch schief geht. Wo liegt der entscheidende Unterschied? Die hauptsächliche Schwierigkeit ist es, den emotionalen Zustand zu managen, und zwar bewusst, nicht nur unbewusst – wenn es darauf ankommt und für uns wichtig ist, diesen Top-Zustand in Sekunden zu erzeugen. Erfolgreiche Menschen können sich innerhalb weniger Sekunden in einen Adlerzustand versetzen, indem sie entweder ihre Körperhaltung ändern (Schultern gerade, Kopf hoch, Blick geradeaus) oder sich emotional in einen guten Zustand bringen, indem sie an ein besonders schönes Erlebnis (Urlaub, schönes Essen mit dem Partner usw.) denken. Andere verbringen ihr Leben lieber im Entenzustand, am besten auf Tauchstation in der Hoffnung, dass der Tag schon irgendwie vorbeigeht, und mit der Gewissheit, dass heute die Welt sowieso wieder gegen einen ist.

»Das Geheimnis des Erfolgs ist, den Standpunkt des anderen zu verstehen.«

HENRY FORD

FRAGE DER WOCHE

Wie bewegen Sie andere Menschen, damit sie – ganz in Ihrem Sinne – etwas freiwillig und gerne tun?

36. Adler kennen die goldene Regel*, aber sie leben die Platin-Regel**

Drei Jungen aus der Stadt verbrachten ihre Ferien auf einem Bauernhof. Eines Tages war ein junges Kalb aus dem Stall ausgebrochen, und die drei versuchten nun mit aller Gewalt, dieses Jungtier wieder in den Stall zu befördern. Einer nahm es an seinen kleinen Hörnern, die anderen drückten und schoben von hinten. Doch je mehr sie das taten, desto steifer und halsstarriger stemmte sich das Kalb ihnen entgegen. Es rührte sich einfach nicht vom Fleck. Da kam die Tochter des Bauern hinzu. Sie lächelte, ging zu dem Kalb hin und steckte ihren Finger in dessen Maul. Das Kalb begann vergnügt an dem Finger zu saugen, und mühelos konnte das Mädchen das Kalb in den Stall zurückbringen.

Die drei Stadtjungen sahen dem Geschehen verblüfft zu und erkannten: »Da haben wir wohl etwas falsch gemacht.« Sie hatten darauf bestanden, dass das kleine Kalb das tun sollte, was sie von ihm verlangten, und nicht bedacht, was das Kalb selbst wollte. Die Methode des jungen Mädchens war deshalb erfolgreich, weil auch das Kalb bekam, wonach es verlangte.

Adlertipp

Enten schließen von sich auf andere. Sie können sich nicht vorstellen, dass andere Menschen nicht genauso denken wie sie selbst. Deshalb wenden sie notfalls auch »Gewalt« an und wundern sich, wenn sie damit nicht das erreichen, was sie wollen. Adler hingegen überlegen, was ihr Gegenüber interessieren könnte. Sie wissen, dass auch sie selbst kein Entenfutter mögen. Deshalb geben sie dem anderen genau das, was dieser braucht, um etwas »freiwillig« zu tun. Ohne Druck kommen beide so gemeinsam zum Ziel.

* Behandle Menschen immer so, wie du behandelt werden möchtest!

** Behandle Menschen so, wie diese selbst behandelt werden möchten!

»Fürchte dich nicht vor einem großen Schritt. Mit zwei kleinen Sprüngen kannst du keine Schlucht überwinden.«

CHINESISCHE WEISHEIT

FRAGE DER WOCHE

Bekannte Lösungen eignen sich häufig auch nur für bekannte Probleme – für welches Problem suchen Sie diese Woche eine ungewöhnliche Lösung?

37. Adler haben Gewohnheiten, aber überschreiten auch mal ihre Grenzen

An der Universität Heidelberg machten Studenten ein Floh-Experiment: Sie setzten Flöhe in einen Glasbehälter, der oben offen war. Was passierte, war voraussehbar: Die Flöhe hüpften munter drauf los und aus dem Behälter hinaus. Ein paarmal setzten die Studenten die Flöhe wieder in den Behälter, und ebenso schnell waren diese wieder frei.

Nun schlossen die Studenten den Glasbehälter mit einem Deckel. Die Flöhe versuchten natürlich wieder, dem Behälter zu entkommen, und stießen sich ein ums andere Mal den Kopf an dem Deckel. Nach einer gewissen Zeit begnügten sich die Flöhe damit, im Behälter zu bleiben. Sogar nach Entfernen des Deckels behielten die Flöhe erstaunlicherweise ihre niedrige Sprunghöhe bei, so dass sie den Behälter nicht mehr verließen. Nun setzten die Studenten neue Flöhe zu den anderen in den Glasbehälter. Die »Neulinge« sahen sich kurz nach der allgemeinen Sprunghöhe um und passten sich ihr umgehend an.

Adlertipp

Enten leben in einer Zeitschleife: Dinge, die sie schon immer so gemacht haben, bringen sie genau dorthin, wo sie schon immer standen. Adler sind sich hingegen ihrer Möglichkeiten bewusst und denken bzw. handeln auch einmal über die Grenzen im eigenen Kopf hinweg. Das bedeutet: Adler achten nicht so sehr darauf, was andere machen. Sie suchen ihren eigenen Weg, verlassen ihre Komfortzone und fliegen einfach höher als alle anderen – auch auf die Gefahr hin, sich einmal den Kopf anzustoßen. Von vornherein etwas gar nicht zu versuchen, weil man sich auf die Erfahrungen anderer verlässt, ist typisches Entenverhalten und nicht wirklich eines Adlers würdig. Gehen auch Sie zuweilen neue Wege, verlassen Sie die Trampelpfade alter Gewohnheiten, und Sie werden merken, dass nicht nur Ihr Geist flexibler wird, sondern Sie auch bessere Ergebnisse erhalten.

»Die Kraft des Geistes ist grenzenlos, die Kraft der Muskeln ist begrenzt.«

KOICHI TOHEI

FRAGE DER WOCHE

Was ist Ihnen wirklich wichtig und welche Vorstellung gibt Ihnen diese Woche Energie?

38. Adler achten auf die richtigen Dinge, statt die Dinge nur richtig zu tun

Ein Professor stand mit einigen Gegenständen vor seiner Philosophie-Klasse. Er nahm wortlos einen sehr großen Blumentopf und begann, diesen mit Golfbällen zu füllen. Er fragte die Studenten, ob der Topf nun voll sei. Sie bejahten es. Dann nahm der Professor ein Behältnis mit Kieselsteinen und schüttete diese in den Topf. Die Kieselsteine rollten in die Leerräume zwischen den Golfbällen. Dann fragte er wiederum, ob der Topf nun voll sei. Sie stimmten zu. Der Professor nahm als Nächstes eine Dose mit Sand und schüttete diesen in den Topf. Natürlich füllte der Sand den kleinsten verbliebenen Freiraum. Er fragte wiederum, ob der Topf nun voll sei. Die Studenten antworteten einstimmig »Ja«. Der Professor holte zwei Dosen Bier hervor, schüttete den ganzen Inhalt in den Topf und füllte somit den letzten Raum zwischen den Sandkörnern aus. Die Studenten lachten.

»Nun«, sagte der Professor: »Ich möchte, dass Sie diesen Topf als Repräsentation Ihres Lebens ansehen. Die Golfbälle sind die wichtigen Dinge in Ihrem Leben: Ihre Familie, Gesundheit, Freunde und die leidenschaftlichen Aspekte Ihres Lebens – die, falls in Ihrem Leben alles verloren ginge, Ihr Leben trotzdem noch erfüllen würden. Die Kieselsteine symbolisieren die übrigen Dinge wie Ihre Arbeit, Ihr Haus, Ihr Auto. Der Sand ist alles andere, die Kleinigkeiten. Falls Sie den Sand zuerst in den Topf geben«, fuhr der Professor fort, »gibt es weder Platz für die Kieselsteine noch für die Golfbälle. Dasselbe gilt für Ihr Leben. Achten Sie zuerst auf die Dinge, die wirklich wichtig sind. Setzen Sie Ihre Prioritäten.« Einer der Studenten erhob die Hand und wollte wissen, was denn das Bier repräsentieren soll. Der Professor schmunzelte: »Ich bin froh, dass Sie das fragen. Es soll Ihnen zeigen, dass – egal wie schwierig Ihr Leben auch sein mag – es immer noch Platz gibt für ein oder zwei Bierchen.«

Adler fragen sich: Was muss ich jetzt tun, um meine Ziele in Zukunft zu erreichen? Enten hingegen halten sich mit vielen Kleinigkeiten auf, die sie nur ablenken und ihren Träumen und Wünschen nicht näher bringen.

Adlertipp

»Tue, was du kannst, mit dem, was du hast, genau da, wo du gerade bist.«

THEODORE ROOSEVELT

FRAGE DER WOCHE

Was tun Sie diese Woche, um Neues auszuprobieren?

39. Adler holen sich, was sie lieben, und brauchen nicht zu lieben, was sie bekommen

Der Olympionike *Bob Richards* sagte einmal: »Es gibt viele Menschen, die Olympiasieger sein könnten; Sportler, die es vielleicht nur nie versucht haben. Ich schätze, dass auch mich fünf Millionen Menschen im Hochsprung hätten schlagen können – Männer, die stärker, größer und schneller wären als ich. Aber sie haben nie einen Stab in die Hände genommen, nie den Versuch unternommen, ihre Beine vom Boden zu heben, um über die Latte zu kommen. Größe ist überall um uns herum.«

Adlertipp

Es gibt im Leben immer zwei Arten von Verhalten, mit denen Sie es zu tun haben: Menschen, die in vielen Situationen als Enten durchs Leben watscheln und gerne quaken: »Ich bin nicht schuld«, »Ich kann nichts dafür«, »Da müssen Sie jemand anderen fragen«, »Ich bin nicht verantwortlich«, »Das geht nicht«, »Das habe ich noch nie gemacht«, quak, quak, quak ... Der Wirkungskreis der Enten beschränkt sich auf den Teich und seine Umgebung. Enten müssen deshalb lieben, was sie bekommen.

Adler hingegen holen sich, was sie lieben. Denn Adler gehen auf die Jagd und besorgen sich genau das, was ihnen schmeckt. Sie fliegen hoch oben, verschaffen sich einen Überblick und stürzen sich zielgerichtet auf die »Beute«. Sie suchen nach Lösungsmöglichkeiten, statt über Probleme nachzudenken und diese zu diskutieren. Wenn Sie einem Adler begegnen, nimmt er Sie meistens als Problemlöser auf seinen Adlerflügeln mit in die Lüfte. Und von dort oben sieht alles auf einmal ganz anders aus: »Ich kümmere mich gleich darum«, »Ich werde nach einer Lösung suchen«, »Ich helfe Ihnen gerne« oder »Dafür gibt es bestimmt eine Lösung«. Wenn Sie solche oder ähnliche Antworten hören, wissen Sie, dass Sie einen Adler vor sich haben.

»Inmitten von Schwierigkeiten liegen immer günstige Gelegenheiten.«

ALBERT EINSTEIN

FRAGE DER WOCHE

Sehen Sie in Schwierigkeiten auch Gelegenheiten?
Wo suchen Sie diese Woche nach Lösungen und Möglichkeiten?

40. Adler kennen die Schwierigkeiten und suchen nach den Gelegenheiten

Ein kleines Mädchen wollte den Unterschied zwischen Himmel und Hölle wissen und fragte ihren Großvater. Dieser erzählte ihr daraufhin folgende Geschichte: Nach dem Krieg, als die Menschen nicht viel zu essen hatten, gab es viele Armenküchen, die Essen an Bedürftige verteilten. In einem großen Saal trafen sie sich, während in einem großen Topf eine leckere Suppe brodelte. Jeder Mensch hatte einen gusseisernen Löffel, der so lang wie er selbst und dementsprechend schwer war. Kein Mensch schaffte es daher, Suppe zu schöpfen und den Löffel an den Mund zu führen. Die Menschen waren hungrig und wurden so wütend, dass sie aufeinander losgingen. Das war die Hölle.

In einem anderen Saal hingegen war der Ausgangszustand der gleiche: Ein Topf Suppe und ebensolche unhandlichen Löffel – allerdings waren die Menschen satt und zufrieden. Und das nur, weil jeweils ein paar von ihnen mit einem Löffel Suppe schöpften, um die anderen damit zu füttern. Nach einer gewissen Zeit tauschten sie die Aufgaben. Das war der Himmel.

Adlertipp

Enten verhalten sich anders als Adler – keine Frage: Adler »finden« Lösungen – Enten hingegen suchen nicht einmal danach, weil sie immer daran denken, dass etwas nicht geht, und damit beschäftigt sind, einem anderen zu erklären, warum es nicht geht. Adler wissen, dass es für jede Lösung auch das geeignete Problem gibt – und somit für jedes Problem auch eine Lösung geben muss. Enten sehen nur das Problem und sind so darin verhaftet, dass sie überhaupt keine Zeit haben, über eine Lösung nachzudenken.

»Was jemand von sich selbst denkt, bestimmt sein Schicksal.«

MARK TWAIN

FRAGE DER WOCHE

Kennen Sie Ihren Preis? Was denken Sie über sich und Ihre Fähigkeiten?

41. Adler sind sich ihres Preises bewusst und handeln nicht um jeden Preis

In der Fertigungsstraße eines Automobilherstellers stand von einer Minute auf die andere das Band still. Offensichtlich lag ein Fehler vor, den der zuständige Mechaniker aber nicht beheben konnte. Jede Stunde Produktionsausfall kostete das Unternehmen ca. 100000 Euro. Deshalb rief der Mechaniker rasch den Obermechaniker, aber auch der war nach kurzer Prüfung nicht in der Lage, den Fehler zu beheben. Die Zeit lief. Der Abteilungsleiter gab dem Mechaniker den Auftrag, einen externen Spezialisten zu suchen: »Egal, was es auch kostet, sorgen Sie dafür, dass das Band so schnell wie möglich wieder läuft!« Und tatsächlich: Kaum hatte sich der Experte an die Arbeit gemacht, lief – bereits nach 15 Minuten – das Band wieder. Alle waren begeistert. Als allerdings nach kurzer Zeit die Rechnung über 10000 Euro eintraf, bat die Buchhaltung den Abteilungsleiter, sie zu prüfen. Verärgert rief dieser den Monteur an: »Für 15 Minuten 10000 Euro, ist das nicht etwas unverschämt? Wie können Sie diese hohe Summe rechtfertigen?« »Wieso?«, antwortete der Experte. »100 Euro sind mein Arbeitslohn und 9900 Euro bekomme ich dafür, dass ich wusste, welche Schraube locker war!«

Adlertipp

Kennen Sie Ihren Preis? Sicher haben auch Sie Erfahrungen in einem ganz bestimmten Bereich, die kein anderer hat. Was können Sie besser als andere? Adler sind selbstbewusst, d.h. sich ihrer selbst bewusst, und nutzen dies entsprechend. Enten unterschätzen das, was sie tun und können. Sie quaken und verkaufen sich dadurch »unter Preis«! Wenn Sie anderen Menschen wirklichen Nutzen bieten, können Sie auch eine entsprechende Gegenleistung verlangen oder erwarten.

»Du bist dort, wo deine Gedanken sind. Sieh zu, dass deine Gedanken da sind, wo du sein möchtest.«

RABBI NACHMANN

FRAGE DER WOCHE

Worauf sind Ihre Gedanken diese Woche gerichtet? Auf was konzentrieren Sie sich?

42. Adler machen sich ihre Gedanken bewusst, um unbewusst das Richtige zu tun

Von zwei Freunden machte einer ständig eine neue Diät – er fühlte sich nicht nur zu dick, er war es auch tatsächlich. Dauernd bemühte er sich, sein Gewicht zu reduzieren. Als ihn eines Tages sein Freund überraschenderweise zu Hause besuchte, glaubte er, seinen Augen nicht zu trauen: »Sag mal, du machst doch gerade eine Diät, oder?« »Ja, natürlich«, antwortete der andere. »Aber warum lässt du dir dann ein Stück Käsekuchen schmecken?« »Welchen Käsekuchen?«, fragte der »Dicke«. »Na, den, der da gerade auf deinem Teller liegt!« Mit großen Augen sah er seinen Freund an und antwortete: »Ach der, das kleine Stückchen zähle ich einfach nicht mit.«

Adlertipp

Jedes Stück Käsekuchen zählt! Wie mit diesem Stückchen Käsekuchen, so ist es auch mit unseren Gedanken. Alles, was Sie auf sich einwirken lassen, verursacht etwas – positiv ebenso wie negativ. Gedankenhygiene ist eine einfache Sache, wenn Sie lernen, gedanklich abzuheben wie ein Adler. Ein Beispiel: Wenn Sie das nächste Mal am Schreibtisch sitzen, sich ärgern, weil es so laut ist, das Telefon ständig klingelt, Sie eigentlich gar keinen Platz zum Arbeiten haben, die Hälfte der Akten auf dem Boden landet und Ihnen zu allem Überfluss noch schlecht ist, weil Sie seit dem Frühstück nichts gegessen haben (Achtung, es naht ein Entenzustand) …, stehen Sie auf und verlassen Sie am besten den Raum oder stellen Sie sich ans offene Fenster. Begeben Sie sich in den Adlerzustand, verschaffen Sie sich einen Überblick, sortieren Sie Ihre Gedanken und seien Sie sich bewusst, dass Sie nun alles Wichtige Stück für Stück erledigen und »abtragen« werden.
Unterschiedlichen Quellen zufolge denkt ein Mensch zwischen 15 000 und 30 000 Gedanken pro Tag. Nutzen Sie diese große Menge für konstruktive, zielorientierte Gedanken, indem Sie

1. die Situation akzeptieren (die Vergangenheit können Sie nicht mehr ändern),
2. negative Gedanken aufschreiben und sich dann positive Formulierungen überlegen und notieren. »Ich weiß nicht mehr weiter« heißt dann, positiv formuliert: »Wer kann mir hier einen Tipp geben?«

»Taten statt warten!«

GREENPEACE

FRAGE DER WOCHE

Womit können Sie diese Woche schon beginnen, während andere noch warten?

43. Adler handeln, während andere noch zögern

Es war einmal ein Mann, der auf einer Insel lebte. Eines Tages merkte er, dass die Insel zu zittern begann. »Sollte ich vielleicht etwas tun?«, dachte er. Aber als die Insel zu zittern aufhörte, beschloss er abzuwarten. Wenig später fiel ein Stück seiner Insel ins Meer. Der Mann war beunruhigt. »Sollte ich vielleicht etwas tun?«, dachte er. Aber als die Insel zu zittern aufhörte, beschloss er abzuwarten. Er konnte auch ohne das versunkene Stück weiterleben. Kurz danach fiel ein zweites Stück seiner Insel ins Meer. Der Mann erschrak. »Sollte ich vielleicht etwas tun?«, dachte er. Aber als nichts weiter passierte, beschloss er abzuwarten. »Bis jetzt«, sagte er sich, »ist ja alles gut gegangen.« Es dauerte nicht lange, da versank die ganze Insel im Meer und mit ihr der Mann, der sie bewohnt hatte. »Vielleicht hätte ich doch etwas tun sollen«, war sein letzter Gedanke, bevor er ertrank.

Adlertipp

In unserer Zeit wird oft zu viel geredet und zu wenig getan! Ob in der Politik oder im Wirtschaftsleben – jeder kennt die »Schwätzer«, die immer alles bis zum Ende diskutieren, und das im wahrsten Sinne des Wortes. Zwischen Enten wird viel geredet, nichts gesagt und noch weniger getan. Adler setzen das, was sie sagen (und natürlich vorher überlegt haben), auch wirklich in die Realität um, deshalb ist Erfolg ihr Wegbegleiter. Wenn Sie es nicht nur gut meinen, sondern besser machen, werden Menschen Sie schätzen.

»Der Kopf ist rund, damit das Denken die Richtung wechseln kann.«

FRANCIS PICABIA

FRAGE DER WOCHE

Wo sind Sie festgefahren? Welchen Gedanken können Sie diese Woche eine neue Richtung geben?

44. Adler nehmen ihre Aufgaben ernst und entwickeln verrückte Ideen

Der Küchenjunge auf einem Fischkutter erhält vom Koch den Auftrag, dem Kapitän morgens um 10 Uhr eine Tasse Kaffee auf die Brücke zu bringen. Vom ersten Auftrag zurück, erzählt er dem Koch: »Ich habe eine Ohrfeige bekommen, weil der Kaffee übergeschwappt ist. Aber das ist ja auch kein Wunder bei Windstärke neun!« »Dann mach die Tasse nicht ganz voll«, rät ihm der Koch, was der Junge am nächsten Morgen auch beherzigt. Doch auch beim zweiten Mal beschwert er sich: »Ich habe schon wieder eine Ohrfeige bekommen – weil die Tasse nicht ganz voll war.« »Jetzt weiß ich auch nicht mehr weiter«, sagt der Koch, »lass dir doch selbst etwas einfallen!« Am nächsten Morgen kommt der Junge vom Kaffeebringen zurück, der Koch fragt: »Wie war's?« »Prima«, antwortet der Junge, »alles in Ordnung. Ich habe die Tasse voll gemacht, einen großen Schluck davon abgetrunken, bin bis vor die Tür hochgelaufen, habe den Kaffee wieder reingespuckt, und dann … bin ich gelobt worden!«

Adlertipp

Enten sind kaum in der Lage, kreative Ideen zu entwickeln. Sie sind so auf ihr nahes Umfeld beschränkt – sowohl im Hinblick auf den Bewegungskreis als auch auf die mentale Ebene –, dass sie nicht über den Teichrand hinausblicken (und -denken). Ganz im Gegenteil: Sie beklagen sich über den hohen Wellengang und zögern lieber perfekt, anstatt etwas unvollkommen zu Ende zu bringen. Adler jedoch probieren ständig Neues aus, und wenn das nicht genügt, wachsen sie über sich selbst hinaus. Sie erkennen, dass es um die Sache als solche (die Tasse heißen Kaffees) geht, und schlagen auch einmal völlig verrückte Wege ein. Vielleicht nehmen auch Sie öfter mal »einen Schluck Kaffee in den Mund« und überraschen so die Menschen in Ihrem Umfeld.

»Ein Mensch ist erfolgreich, wenn er zwischen Aufstehen und Schlafengehen das tut, was ihm gefällt.«

BOB DYLAN

FRAGE DER WOCHE

Tun Sie, was Ihnen gefällt? Womit verbringen Sie die meiste Zeit Ihres Lebens?

45. Adler träumen nicht nur ihr Leben, sondern leben ihre Träume

Enrico Caruso hatte von klein auf den Traum, an der Mailänder Scala zu singen. Irgendwann aber begrub er seinen Traum und heuerte bei einer Wanderoper an. Eines Tages traf ihn ein Freund, der um seine Träume wusste, in Sizilien und fragte ihn: »Was machst du hier?« *Caruso* antwortete ihm: »Das habe ich dir doch gerade erzählt!« Der Freund erwiderte: »Du verstehst nicht. Ich will wissen, was du *hier* machst. Ich möchte, dass du dir selbst eine Frage stellst: Was hast du aus deiner Chance gemacht?« Da verstand *Caruso*. Er hatte aufgehört zu üben und seine Ziele aufgegeben. Er war im Mittelmaß versunken.

Vor lauter Frust trank *Caruso* sehr viel Wein. Als sein Auftritt kam, war er völlig betrunken. Auf der Bühne trat er auf die Schleppe der Braut. Dadurch wurde ihr das Kleid vom Leib gerissen. Im anschließenden Tumult stürzte die ganze Bühne ein. Die ernste Oper war zur Farce geworden. *Caruso* wurde gefeuert. Nur für den vierten Akt brauchte man ihn noch. Durch den Schreck wieder nüchtern geworden, gab *Caruso* sein Bestes. Er sang, wie er noch nie gesungen hatte. Er sang, als wäre er bereits an der Mailänder Scala. Die Zuschauer bekamen Gänsehaut. Die anwesenden *Commentatoris* waren begeistert. Alle waren sich einig, dass sie noch nie einen Menschen so hatten singen hören. Der Chef der Wanderoper wollte ihn sofort wieder einstellen. Aber *Caruso* wollte etwas aus seiner Chance machen und ging nach Mailand. Er übte jeden Tag. Nicht ein Tag verging, ohne dass er sein Bestes gegeben hätte. So wurde er zum Weltstar.

Adlertipp

Unsere Talente sind eine Quelle, die nie versiegt und die uns leider oft zu selbstverständlich ist. Enten kennen ihre Talente meist nicht einmal, geschweige denn, dass sie sie schätzen oder nutzen. Adler aber werden immer wieder Dinge in sich entdecken, die ihnen Freude bereiten, die sie gut können und die ihnen nebenbei so gar keine Energie abverlangen. Hören Sie einmal in sich hinein, begeben Sie sich in die Adlerperspektive. *Bingo* – das sind Ihre Talente!

»Ein Mann mit einer Überzeugung ist stärker als 99 Leute mit Interessen.«

JOHN STUART MILL

FRAGE DER WOCHE

Glauben Sie an sich, haben Sie Vertrauen in Ihr Ziel?

46. Adler konzentrieren sich auf das, was sie fördert, und stellen ab, was sie hemmt

Bei einem Spaziergang blieb ein Edelmann kurz in einem Dornbusch hängen. Es tat nicht weiter weh, und weil er es eilig hatte, setzte er schnell seinen Weg fort, ohne weiter darüber nachzudenken. Doch als er am Abend sein Knie besah, entdeckte er einen Kratzer. Der war zwar klein, doch immerhin war ein wenig Blut geflossen. »Darauf muss Salbe«, sagte sich der Edelmann und ließ seinen Diener kommen. Es war zwar nur ein kleiner Kratzer, aber wenn man mit dem Finger darüberstrich, tat es sogar ein bisschen weh. In der Nacht wachte der Edelmann auf. Er fasste an sein Knie. Der Kratzer war immer noch da. Ja, er juckte sogar ein wenig. Er sah hässlich aus, dieser Kratzer. Der Kratzer fing an, ihn zu stören, und sollte weg. Er strich mit dem Finger über den Kratzer. Der Schorf löste sich schon etwas. Den Rest der Nacht verbrachte der Edelmann damit, immer wieder an seinem Kratzer herumzufingern. Am nächsten Morgen hatte sich sein Zustand verschlechtert. Er ließ einen Arzt rufen. Der besah sich den Kratzer genau und verschrieb eine Medizin. Um kein Risiko einzugehen, sollte der Edelmann lieber im Bett bleiben. Da lag er nun und dachte ständig nur an diesen Kratzer. Immer wieder musste er sich ihn anschauen, und obwohl er wusste, dass es gar nicht gut war, fasste er ihn mit den Fingern dauernd an. Nach drei Tagen hatte sich der Kratzer entzündet. Das Knie war angeschwollen. Der Arzt verkündete mit sorgenvoller Miene: »Wir müssen das Bein amputieren.«

Adlertipp

Adler sind Optimisten. Sie denken eher positiv als negativ, gehen vom Besten aus. Und sie wissen, dass es immer etwas zu verändern und somit auch zu verbessern gibt. Enten sind Pessimisten. Und wenn sie Blumen riechen, denken sie nicht an eine Sommerblumenwiese, sondern an eine Beerdigung. Wie in allen Bereichen des Lebens funktioniert auch bei der Zielerreichung das Gesetz der sich selbst erfüllenden Prophezeiung. Darum gilt: Gehen Sie an Ihre Ziele positiv heran. Gehen Sie davon aus, dass Sie das, was Sie erreichen wollen, auch erreichen werden. Nehmen Sie Probleme als Herausforderung an und sehen Sie sie als positive Ereignisse, die Ihnen neue Chancen geben!

»Der kürzeste Weg, ein Ziel zu erreichen, führt oft über Umwege.«

MALCOLM FORBES

FRAGE DER WOCHE

Wer weiß, wozu es gut ist?

47. Adler haben die Stärke, gelassen zu handeln

Ein alter Mann lebte zusammen mit seinem einzigen Sohn auf einer kleinen Farm. Sie besaßen nur ein Pferd, mit dem sie die Felder bestellen konnten, und kamen gerade so über die Runden. Eines Tages lief das Pferd davon. Die Leute im Dorf kamen zu dem alten Mann und riefen: »Oh, was für ein schreckliches Unglück!« Der alte Mann erwiderte hingegen mit ruhiger Stimme: »Wer weiß schon, wozu es gut ist?« Eine Woche später kam das Pferd zurück und führte eine ganze Herde wunderschöner Wildpferde mit auf die Koppel. In der nächsten Woche machte sich der Sohn daran, eines der wilden Pferde einzureiten. Er wurde aber abgeworfen und brach sich ein Bein. Nun musste der alte Mann die Feldarbeit allein bewältigen. Und die Leute aus dem Dorf sagten zu ihm: »Was für ein schlimmes Unglück!« Die Antwort des alten Mannes war wieder: »Wer weiß schon, wozu es gut ist?« In den nächsten Tagen brach ein Krieg mit dem Nachbarland aus. Die Soldaten der Armee kamen in das Dorf, um alle kriegsfähigen Männer einzuziehen. Alle jungen Männer des Dorfes mussten an die Front, und viele von ihnen starben. Der Sohn des alten Mannes aber konnte mit seinem gebrochenen Bein zu Hause bleiben.

Adlertipp

Enten klagen über Probleme und Dinge, die sie – zumindest zum momentanen Zeitpunkt – sowieso nicht ändern können. Sie lassen sich demotivieren und verlieren so an Schaffenskraft, jetzt und für die Zukunft. Adler jedoch sehen bei allen Erlebnissen und Ereignissen immer auch den nächsten Tag, die nächste Woche oder das nächste Jahr. Sie verzweifeln nicht an Dingen, die sie nicht ändern können, sondern stellen sich einfach die Universal-Frage mit unendlicher Tragweite: »Wer weiß, wozu es gut ist!?«

Wenn Sie etwas aus der Adlerperspektive, aus einer anderen Flughöhe, betrachten, werden Zusammenhänge oft klarer. Noch Jahre später können Sie von den gemachten Erkenntnissen profitieren und erfahrener agieren.

»Wenn wir das tun, was wir schon immer getan haben, werden wir auch nur das bekommen, was wir schon immer bekommen haben.«

HELMUT SESSLER

FRAGE DER WOCHE

Nur mal angenommen, es gäbe eine Lösung. Wie könnte diese aussehen?

48. Adler konzentrieren sich auf ihr Ziel und wechseln ihren Blickwinkel

Naturforscher führten einmal ein Experiment mit einer Ente durch: Sie setzten sie in einen Teich, in dem ein kleines Stück vom Ufer durch einen Zaun abgetrennt war. Hinter den Zaun legten sie leckeres Futter. Der Erpel, dem sie den Namen »Erich« gaben, schwamm schnatternd im Teich auf und ab. Erich wollte zu gerne zum Futter. Er versuchte über den Zaun zu fliegen, aber der war zu hoch. Er schwamm gegen den Zaun, aber keine Lücke tat sich auf. Alles vergeblich! Nach einer gewissen Zeit gab Erich auf. Dabei hatte er lediglich einen entscheidenden Fehler gemacht: Er hatte sich stets nur so weit vom Futter entfernt, dass er es noch im Auge behalten konnte. Wäre er nur ein wenig weiter nach rechts oder links geschwommen, so hätte er erkannt, dass der Zaun nur wenige Meter lang war, und wäre mühelos auf die andere Seite zum Futter gelangt.

Adlertipp

Die Flughöhe, in der wir uns aufhalten, ist abhängig von der Art, wie wir denken, und die Qualität unseres Denkens ist abhängig von der Art unserer Fragestellung. Immer wenn Sie vor einem Hindernis stehen, im Volksmund auch »Problem« genannt, dann formulieren Sie eine Frage mit dem Adlerturbotipp: »Nur mal angenommen ...«

»Nur mal angenommen, es gäbe für dieses oder jenes Problem eine Lösung, wie könnte sie aussehen?« Enten haben einen beschränkten Blickwinkel und schwimmen immer den gleichen Weg. Weil sie nichts Neues ausprobieren, können sie auch keinen anderen Weg entdecken. Adler hingegen gehen auch neue Wege. Sie wechseln den Blickwinkel, bewegen sich über die vermeintlichen Grenzen hinaus und steigen hoch in die Lüfte – ihnen offenbaren sich dadurch auch ganz andere Möglichkeiten. Übrigens: Mit der Erfolgsformel können Sie einen Menschen in null Komma nichts vom Entenzustand auf Adlerflughöhe katapultieren.

»Kein Unglück ist in Wirklichkeit so groß wie unsere Angst.«

FRANZ WERFEL

FRAGE DER WOCHE

In welchen Bereichen sind Sie zu vorsichtig? Wo zeigen Sie diese Woche Mut?

49. Adler lernen von anderen und machen ihre eigenen Erfahrungen

Ein Unternehmer hatte äußerst erfolgreich seine Firma aufgebaut. Inzwischen 60 Jahre alt, war er ohne Nachfolger aus der eigenen Familie auf der Suche nach einem Geschäftsführer, der das Unternehmen in eine erfolgreiche Zukunft führen sollte. Dafür lud er drei Bewerber, die in der engeren Wahl waren, zu einem letzten Gespräch ein. Alle drei bat er in sein Büro und gab ihnen die Aufgabe, eine Schatztruhe zu öffnen. Diese war mit dem besten Schloss, das Deutschland zu bieten hatte, gesichert. Der Unternehmer erklärte: »Hier seht ihr mein Unternehmen, symbolisiert durch die Schatztruhe, mit dem größten und schwersten Schloss, das es gibt. Wer von euch ist in der Lage, das Schloss zu öffnen?«

Einer der drei Bewerber, der sich mit Schlössern auskannte, schüttelte nur verneinend den Kopf. Der zweite bat um Papier und Stift und begann aufgeregt, sich Strategien zu überlegen, kam aber schließlich auch zu dem Ergebnis, dass dieses Schloss ohne zugehörigen Schlüssel nicht zu öffnen war. Der dritte ging beherzt an die Truhe heran, untersuchte das Schloss kurz mit Blicken und Fingern, versuchte, es auf die verschiedensten Weisen zu bewegen, und zog schließlich mit einem Ruck daran. Und siehe, das Schloss öffnete sich. Das Schloss war nur angelehnt gewesen, nicht ganz zugeschnappt, und es bedurfte nichts weiter als des Mutes und der Bereitschaft, dies zu begreifen und beherzt zu handeln. Der Unternehmer war begeistert und übergab die Geschäftsleitung diesem Bewerber: »Sie verlassen sich nicht nur auf das, was Sie sehen und hören, sondern setzen selbst Ihre Kräfte ein und gehen mutig an Entscheidungen und deren Umsetzung heran.«

Adlertipp

Enten verlassen sich häufig auf das, was andere sagen, statt selbst zu überlegen und mutig etwas zu versuchen. Auch Adler gehen nicht unbedarft an eine Sache heran, haben jedoch den Mut, einfach etwas (Neues) auszuprobieren – im Vertrauen auf sich selbst, das eigene Wissen und die persönliche Kraft.

»Setze deinen Kurs nach weit entfernten Sternen und nicht nach den Lampen anderer Schiffe.«

KNUT UTSEIN KLOSTER

FRAGE DER WOCHE

Wo sind Ihre weit entfernten Sterne? Müssen Sie Ihren Kurs korrigieren?

50. Adler greifen nach den Sternen, auch wenn sie diese nicht vom Himmel holen

Ein Motivationsforscher machte sich auf die Suche nach der Antwort auf die Frage: »Was begeistert und motiviert Menschen langfristig und nachhaltig?« Er dachte, die richtige Antwort zu finden, wäre ganz einfach. Und so fragte er einen Steinmetzen, der täglich bei Wind und Wetter den Stein bearbeitet: »Wieso klopfst du auf den Stein? Was motiviert dich daran?« Der Steinmetz sagte: »Ja, wenn schönes Wetter ist, dann bin ich motiviert.« Der Forscher fragte natürlich: »Was ist, wenn schlechtes Wetter ist?« Da sagte der Steinmetz: »Ja, dann bin ich nicht motiviert.« »Hm«, dachte sich der Motivationsforscher, »das kann es doch nicht sein!«

Der Motivationsforscher ging weiter und fragte einen zweiten Steinmetzen, der antwortete: »Immer am Monatsende, wenn mein Geld da ist, dann bin ich motiviert.« Auch hier fragte der Forscher nach: »Und wie sieht es während des Monats aus?« Darauf erhielt er als Antwort: »Während des Monats, da ist es so lala, mal bin ich motiviert, mal nicht.« Den dritten Steinmetzen getraute er sich gar nicht anzusprechen. Vorsichtig ging er näher, weil dieser so konzentriert bei der Sache war. Nach ca. 15 Minuten Beobachtung bemerkte ihn der Steinmetz und fragte, was er denn wolle. Der Forscher sagte ehrfürchtig: »Ich habe Sie bei der Arbeit beobachtet und mich natürlich gefragt, was Sie so motiviert, diesen Stein zu behauen.« Der Steinmetz sah ihn verwundert an und antwortete dann: »Wieso Stein? Ich arbeite an der Kuppel des Doms!«

Adlertipp

Stellen Sie sich doch selbst einmal die Frage: Arbeiten Sie nur so tagtäglich vor sich hin? Oder arbeiten Sie an der Realisierung einer höheren Vision? Auf die Dauer hilft nur Power. Adler sind in der Lage, sich selbst zu motivieren, indem sie ihre Visionen leben, und deshalb auf Dauer im Geschäft auch erfolgreich. Wenn wir wissen, wer wir sind, welche Stärken wir besitzen und wo unser Kräftepotenzial liegt, können wir Unglaubliches erreichen. Unternehmen und Menschen geben viel Geld aus für mehr Motivation. Doch alles Geld dieser Welt macht noch keine Motivation, wenn Menschen im Entenzustand nicht bereit sind, an sich selbst zu arbeiten und an ihre Ziele zu glauben.

»Ein Lächeln ist das Einzige, das mehr wird, wenn man es verschenkt.«

LEBENSWEISHEIT

FRAGE DER WOCHE

Wo können Sie mehr tun als bisher, um glücklicher und erfolgreicher zu sein?

51. Adler tun mehr, als sie müssen, um das zu bekommen, was sie wollen

Als *Arnold Schwarzenegger* einmal während seines Krafttrainings von einem neugierigen Zuschauer gefragt wurde, welche von den zehn Wiederholungen die wichtigste sei, packte er, ohne weiter auf die Frage einzugehen, die nächsten Gewichte und sagte mit einem Lächeln: »Die elfte!«

Adlertipp

Immer nur das Soll zu erfüllen, bringt nicht wirklich Erfolg. Menschen, die außergewöhnlich erfolgreich sind, tun mehr, als von ihnen erwartet wird. Adler rufen einen Kunden öfter an, machen eine Aufgabe mehr, greifen einmal mehr zu. Sie stehen früher auf und quaken nicht über die wenige Zeit, die ihnen zur Verfügung steht. Adler fliegen die Extrameile, sie tun mehr, als irgendjemand von ihnen erwartet – Enten dagegen tun oft nicht einmal das Nötige. Wenn sie auf ihre schlechte bzw. fehlende Leistung angesprochen werden, fangen sie sofort an zu quaken. Sie suchen Entschuldigungen, Ausreden und machen andere dafür verantwortlich. Es ist wie beim Krafttraining: Wer nicht mehr tut, als er könnte, dem fällt auch nichts Besonderes an seinem Körper bzw. an seinen Muskeln auf. Aber wer in seinem Leben mehr tut, als er meint zu können, der wird über sich hinauswachsen. Egal ob Sie mehr arbeiten oder einfach mehr lächeln als andere – Sie werden Ihren Mitmenschen damit positiv auffallen. Vielleicht kostet Ihr Erfolg Sie nur ein Lächeln (mehr).

»Wer es schafft, sich für etwas zu begeistern, und dabei noch leidenschaftlich handelt, der schafft es auch, seine Träume zu leben.«

ARDESCHYR HAGMAIER

FRAGE DER WOCHE

Welche Aufgabe begeistert Sie diese Woche?

52. Adler suchen die Herausforderung und handeln voller Begeisterung

Ein junger Mann namens »Schmidt« geht zu einem großen Kaufhaus und bewirbt sich dort um einen Job. Als er vom Verkaufsleiter gefragt wird, ob er Erfahrung als Verkäufer habe, antwortet Schmidt: »Na klar!« Der Verkaufsleiter findet den jungen Mann sympathisch und stellt ihn ein. Der erste Arbeitstag ist hart, aber er meistert ihn. Nach Ladenschluss kommt der Verkaufsleiter zu ihm und fragt: »Wie viele Verkäufe haben Sie heute geschafft?« Schmidt antwortet: »Einen!« Erstaunt fragt ihn der Verkaufsleiter: »Nur einen? Unsere Verkäufer machen im Schnitt 20 bis 30 Verkäufe pro Tag! Wie hoch war denn Ihre Verkaufssumme?« »101 237 Euro und 64 Cent«, gab Schmidt zu verstehen. Worauf der Verkaufsleiter völlig erstaunt fragt: »101 237 Euro und 64 Cent?! Was haben Sie denn verkauft?«

Schmidt erzählt: »Zuerst habe ich dem Mann einen kleinen Angelhaken verkauft, dann einen mittleren, und dann verkaufte ich ihm einen noch größeren Angelhaken. Schließlich verkaufte ich ihm eine neue Angelrute; nun fragte ich ihn, wo er denn angeln wollte, und er sagte, an der Küste. Also sagte ich ihm, er würde ein Boot brauchen. Wir gingen also in die Bootsabteilung, und ich verkaufte ihm diese doppelmotorige *Chris Craft*. Er bezweifelte, dass sein kleines Auto dieses Boot ziehen könne, also ging ich mit ihm in die Automobilabteilung und verkaufte einen Jeep mit Allradantrieb.« Erstaunt registriert der Verkaufsleiter: »Der Mann ist also gekommen, um einen Angelhaken zu kaufen, und Sie haben ihm ein Boot und einen Geländewagen verkauft?! Herzlichen Glückwunsch, das hat noch keiner unserer Verkäufer geschafft.«

Adlertipp

Adler handeln so lange begeistert, bis sie es selbst sind. Denn sie wissen: Nur wer selbst brennt, kann auch andere anzünden und somit von sich und seinen Zielen überzeugen. Menschen, die eine Aufgabe haben, von der sie überzeugt und begeistert sind, können auch konzentrierter handeln und bringen sich somit in den gewünschten Adlerzustand.

2. Teil

Das Adler-Workout

Etwas tun, um etwas zu werden

Sein oder werden, das ist hier die Frage

Bei einem Golfturnier sagte ein junger Spieler voller Stolz zu seinem Idol *Bernhard Langer:* »Herr Langer, ich möchte gerne so werden wie Sie!«, woraufhin der Profi entgegnete: »Nein, das möchtest du nicht.« Der junge Golfer wiederholte: »Doch, ich möchte so werden wie Sie!« »Nein«, wiederholte *Bernhard Langer,* »das möchtest du nicht!« Der junge Spieler betonte noch einmal: »Doch, doch, ich möchte genauso werden wie Sie!« Nachdem es auf diese Weise drei- oder vielmal hin- und herging, sagte *Bernhard Langer:* »Du möchtest vielleicht so *sein* wie ich, aber du möchtest es nicht *werden.*« Der Junge runzelte die Stirn. »Du möchtest so sein wie ich, aber bist du auch dazu bereit, tage-, wochen- und monatelang zu üben? Bei Wind und Wetter auf dem Platz zu sein, um sechs Uhr morgens aufzustehen, um noch vor dem Frühstück die ersten hundert Bälle zu schlagen?«

Mehr als der Wille

Wollen Sie etwas sein oder etwas werden? Schon *Johann Wolfgang von Goethe* wusste: *»Ein jeder Mensch will etwas sein, doch keiner will etwas werden.«* Zum Werden gehört mehr als der bloße Wunsch oder der Wille.

Denn die alten Gewohnheiten beizubehalten ist oft viel einfacher und somit auch viel bequemer als das Vorhaben, sein Verhalten zu verändern. Doch wer etwas in seinem Leben ändern und erreichen möchte, muss auch sein gewohntes Verhalten in Frage stellen. Wenn ich es gewohnt bin, mich gleich nach Feierabend auf die Couch zu legen und mich vom Fernseher berieseln zu lassen, anstatt mein vielleicht am Anfang unbequemes Fitnesstraining zu durchlaufen, dann werde ich an meiner Figur auch nie etwas verbessern.

Das Adler-Workout ermöglicht Ihnen, etwas zu tun, um etwas zu werden – dann klappt es auch mit dem Sein.

Bequemlichkeit – die Bremse des Erfolgs

Bei einer Umfrage auf einem deutschen Bauernhof fragt ein Reporter einen Mann, der gerade über den Hof läuft: »Mein Herr, was, denken Sie, ist das größere Problem in unserer Gesellschaft: mangelndes Wissen oder Desinteresse?« Ohne den Reporter anzusehen antwortet der Mann: »Weiß ich nicht, ist mir auch egal!«

Desinteresse

Menschen im Entenzustand interessieren sich weder für eine Lösung ihres Problems, noch wissen sie, wie sie sich selbst helfen können. »Weiß ich nicht, ist mir auch egal«, ist eine der häufigsten Antworten, die Sie erhalten, wenn jemand aus Bequemlichkeit nicht nachdenken will, es einfach nicht weiß oder es ihn nicht interessiert. Damit Sie nicht in ein solches Bequemlichkeitsloch fallen oder um Sie vielleicht aus einem solchen herauszuziehen, zeige ich Ihnen im zweiten Teil Wege auf, die Ihnen dabei helfen, so zu werden, wie Sie es sein möchten. Nun liegt es in Ihrer Hand. Seien Sie neugierig und interessiert, auch mal andere Wege zu gehen.

Der Adler-Workout-Mix

Ich kann ja doch nichts tun
Ich kann ja doch nichts
Ich kann ja doch
Ich kann ja
Ich kann
Ich kann ja
Ich kann ja doch
Ich kann ja doch alles
Ich kann ja doch alles tun

Wenn das Leben funktionieren soll, dann ist ein gesunder Mix wichtig. Übertreiben sowie untertreiben kann schlimme Folgen nach sich ziehen. Es geht nicht nur darum, was wir tun, sondern auch darum, was wir versäumen zu tun! Und Übung macht bekanntlich den Meister!

Workouts zu verschiedenen Themen

Deshalb habe ich für Sie einzelne Workouts zu verschiedenen Themen zusammengestellt. Natürlich können Sie aus den angebotenen Übungen auch noch weitere Trainingseinheiten zusammenstellen – je nach Anforderung und ganz nach Ihren persönlichen Bedürfnissen. Sie werden eine Vielzahl an Übungen finden, die Ihnen helfen,

- zur Ruhe zu kommen (wenn es gerade besonders stressig ist),
- mehr Freude (am täglichen Tun) zu entwickeln,
- mehr Begeisterung auszustrahlen (um dadurch auch andere zu begeistern) und
- auch mehr Power für energiereiches Handeln zu entwickeln.

Suchen Sie sich also einfach die Übungen heraus, die zu Ihrer momentanen Situation passen, und praktizieren Sie sie über einen gewissen Zeitraum. Es ist besser, wenn Sie immer nur eine Übung auf einmal machen und sich nach einer Woche fragen: »Was habe ich dadurch erreicht? Was hat sich verändert?« Sie werden merken, dass Sie sich unmerklich in die Höhe schrauben und der Adler in Ihnen eine ganz andere Flughöhe – und damit auch mehr Weitsicht, Flexibilität und anderes – erreicht. Viel Spaß damit!

Die Adler-Power-Fragen

So manche Kleinigkeit kann Großes bewirken

Schachbrett

Der Legende nach stammt das Schachspiel aus Indien. Das Schachbrett besteht aus 64 Quadraten. Ein König namens *Sher Khan* war von dem neuen Spiel so begeistert, dass er seiner Armee befahl, nach dem Erfinder des Spiels zu suchen. Es gelang der Armee, ihn zu finden und zum König zu bringen. Es war ein Gelehrter namens *Budhiram*. »Ich möchte dich für deine wundervolle Erfindung belohnen«, begrüßte der König den Gelehrten. »Ich bin reich und mächtig genug, dir auch den ausgefallensten Wunsch zu erfüllen. Sag mir nur, was du haben möchtest, und du bekommst es von mir.«

»Herr«, sagte er, »ich möchte auf dem ersten Quadrat des Schachbretts ein Reiskorn haben.« »Ein gewöhnliches Reiskorn?« Der König traute seinen Ohren nicht. »Ja, Herr, ein Reiskorn auf dem ersten Feld, zwei auf dem zweiten, vier auf dem dritten, acht auf dem vierten, sechzehn auf dem fünften …«

»Es reicht«, rief der König verärgert. »Du sollst deine Reiskörner für alle 64 Quadrate des Schachbretts haben. Aber wisse, dein Wunsch ist meine Großzügigkeit nicht wert, geh!« *Budhiram* lächelte und ging hinaus.

Alle Reiskörner der Welt

Beim Abendessen erinnerte sich der König an den Gelehrten und erkundigte sich, ob dieser seine »geizige« Belohnung bekommen habe. »Herr«, sagte der Hof-Mathematiker, »wir haben seit heute Morgen die Anzahl der Reiskörner berechnet, doch es steht nicht in Ihrer Macht, den Wunsch des Gelehrten zu erfüllen. Ihre Getreidespeicher enthalten nicht genug Reiskörner. Selbst im ganzen Königreich gibt es nicht genug Reiskörner, ja nicht einmal auf der ganzen Welt. Und wenn Ihr Euer Wort halten wollt, dann müsst Ihr alles Land der Welt kaufen und es in Reisfelder verwandeln lassen, Ihr müsst die Seen und Ozeane trockenlegen und alles Eis im Norden schmelzen lassen.«

Der König war sehr beeindruckt und eingeschüchtert. »Nenne diese gigantische Zahl«, sagte er nachdenklich. Der Mathematiker sagte: »Es sind 18446744073709551615 Reiskörner.«

Die Antwort steckt in der richtigen Frage

So kann es uns auch mit mancher zuerst unbedeutenden Frage gehen, die sich als wichtige Entscheidungshilfe für den angestrebten Erfolg entpuppt. Diese Frage muss qualitätsvoll formuliert und hilfreich für uns sein. Doch im Enten-Diskussionsforum ist unsinniges Diskutieren an der Tagesordnung:

Unsinnige Fragen

- Wenn ich Probleme mit dem Kreislauf habe, kann ich dann überhaupt geradeaus gehen?
- Wenn auf einer Tür »Bitte immer geschlossen halten« steht, warum gibt es diese Tür dann überhaupt?
- Können Stammgäste auch auf einen grünen Zweig kommen?

Natürlich können Sie auch stundenlang darüber diskutieren, warum die Erde rund oder warum die Banane krumm ist. Irgendwann werden Sie vielleicht auch zu dem Schluss kommen: darum. Schon *Samuel Beckett* wusste: *»Mancher ist von den Antworten so fasziniert, dass er die Fragen dazu erfindet.«*

Adler machen sich klar, dass es Antworten bzw. Ergebnisse gibt, die Fragen überflüssig werden lassen, und es so manche Fragen gibt, die in sich die richtige Antwort oder Lösung beinhalten. Diese Fragen haben es in sich und öffnen Ihnen neue Horizonte. Sie zeigen Ihnen neue Wege auf, die Sie sonst übersehen würden, weil Sie zu beschäftigt damit wären, die Antworten auf Fragen zu finden, die Sie nicht weiterbrächten. Es wären Wegweiser, die Sie in die falsche Richtung führten.

Adler-Power-Fragen

Für den Adler gibt es die Adler-Power-Fragen. Diese Fragen beginnen vielleicht im ersten Schritt unbedeutend und klein, aber je öfter Sie sich die eine oder andere Frage stellen, desto mehr entwickeln sie sich zum unbezahlbaren Reichtum.

Es lohnt sich z. B., neugierig und spielerisch mit dem Beantworten der Frage »Wer bin ich?« umzugehen. Definieren Sie Ihre Wunsch-Identität mit dem Wissen aus der Vergangenheit, den Erlebnissen der Gegenwart oder dem Vertrauen auf zukünftige Erfolge. Stellen Sie sich folgende Fragen:

1. Wer bin ich?

Die Fragen sollten Sie aus der Perspektive verschiedener Lebensbereiche definieren, wie z. B. Beruf, Finanzen, Gesundheit, familiäre Ziele. Was haben Sie dort jeweils erreicht? Beschreiben Sie aber auch einmal Ihre Gefühle. Was ist Ihr Lebenssinn?

2. Warum bin ich das geworden, was ich bin?

Diese Frage ist sehr wichtig, damit Sie sich Ihre Werte bewusst machen und Ihre reine Überzeugung aufdecken. Auch hier sollten Sie wieder die verschiedenen Lebensbereiche berücksichtigen. Ganz wichtig: Machen Sie sich auch Ihre Stärken bewusst. Welche Ihrer Stärken (z.B. Zielstrebigkeit, Beharrlichkeit, Wille zum Erfolg) hat Ihnen dazu verholfen, das zu werden, was Sie sind?

____

____

____

____

____

____

3. Was habe ich bereits alles getan?

Hier ist es sehr wichtig, welches Verhalten und welche Fähigkeiten Sie bereits erlangt haben.

____

____

____

____

____

____

4. Was besitze ich bereits?

Beschreiben Sie in diesem Zusammenhang doch auch einmal die Umstände, wie Sie die Dinge erlangt haben.

____

____

____

____

____

____

5. Was kann ich tun, um in allen Lebensbereichen auf dem Laufenden zu sein?

____

____

____

____

____

____

Prüfen Sie am besten systematisch jede Woche, ob Sie in allen Lebensbereichen auf dem Laufenden sind. Stellen Sie sich dazu folgende Fragen:

6. Was habe ich in der vergangenen Woche getan, um mein berufliches Ziel zu erreichen?

7. Was werde ich in der kommenden Woche tun, um mein berufliches Ziel zu erreichen?

8. Befriedigen mich meine beruflichen Ziele noch? Wenn nicht, was kann ich ändern?

9. Wie sieht mein neues Ziel genau aus?

10. Was habe ich unternommen, um meine Finanzen voranzutreiben?

11. Mit wem könnte ich mich darüber unterhalten?

Wer könnte mir wertvolle Tipps geben?

12. Welches große Ziel steht hinter meinen Finanzen?

13. Habe ich mir diese Woche genügend Zeit für meine Gesundheit genommen?

Stehen z.B. Vorsorge-Untersuchungen an? Haben Sie sich gesund ernährt? Haben Sie Sport getrieben?

14. Wie könnte ich in der nächsten Woche mein Ernährungs- und Bewegungsverhalten optimieren?

15. Habe ich in der vergangenen Woche meine Leidenschaft zu meinem Hobby gepflegt?

Es zählt auch die Lektüre einer entsprechenden Zeitschrift dazu, wer kann schon wöchentlich segeln gehen?

16. **Worin sehe ich momentan den Sinn meiner Freizeit?**

17. **Was habe ich getan, um meine Frau/Freundin (meinen Mann/ Freund) glücklich zu machen?**

18. Habe ich ein gemeinsames Ziel mit meiner Frau/Freundin (meinem Mann/Freund), auf das wir gerade hinarbeiten?

19. Was habe ich mit meinen Kindern/Freunden unternommen?

20. Kenne ich die momentanen Interessen meiner Kinder / Freunde?

21. Was habe ich mir zusammen mit meinen Kindern / Freunden vorgenommen?

22. Tue ich alles, was ich aktuell tue, gern? Wenn nicht, wie könnte ich meine Einstellung dazu positiv beeinflussen?

Mein Adler-Workout-Plan Teil 1

Notieren Sie auf Seite 143 Ihre Adler-Power-Frage, auf die Sie sich in Zukunft verstärkt konzentrieren wollen. Sollten Sie noch weitere Adler-Power-Fragen entwickelt haben, dann können Sie diese noch hinzufügen.

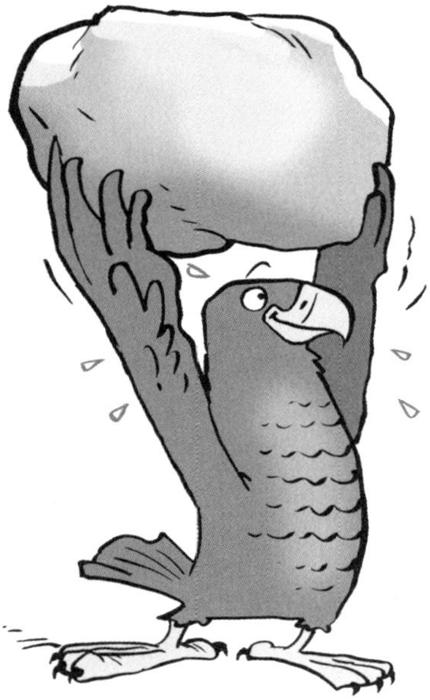

Was sind Ihre Adler-Power-Fragen für den ersten Teil Ihres Workouts?

Nun ist die Zeit gekommen, den zweiten Teil Ihres Workout-Plans anzugehen, um die Realisierung des ersten Teils auch wirklich sicherzustellen. Oder wie *Erich Kästner* sagte: *»Es gibt nichts Gutes, außer man tut es!«*

Die Adler-Turbo-Tipps

Die Power für das Tun

Dies ist eine kleine Geschichte über vier Kollegen namens Jeder, Jemand, Irgendjemand und Niemand. Es ging darum, eine wichtige Arbeit zu erledigen, und Jeder war sicher, dass sich Jemand darum kümmert. Irgendjemand hätte es tun können, aber Niemand tat es. Jemand wurde wütend, weil es Jeders Arbeit war. Jeder dachte, Irgendjemand könnte es machen, aber Niemand wusste, dass Jeder es nicht tun würde. Schließlich beschuldigte Jeder Jemand, weil Niemand tat, was Irgendjemand hätte tun können.

In den Adler-Turbo-Tipps geht es jetzt darum, wie Sie mit mehr Schwung und Energie Ihre Vorhaben immer und immer wieder erfolgreich anpacken und durch die positive Einstellung einen Turbo erreichen.

1. Positive Selbsterwartung

Mit einer Suggestion starten Sie gut in jeden Tag. Sagen Sie zu sich: »Ich glaube, dass mir heute etwas Wundervolles widerfahren wird!« Diesen Satz sollten Sie jeden Morgen laut im Spiegel zu sich selbst sagen, um durch Ihre Betonung und Körperhaltung das Gesagte überzeugend herüberzubringen. Dies ist eine sehr schöne und eindrucksvolle Gutenmorgenübung, um die positiven Selbsterwartungen in sich aufsteigen zu lassen! Und auch am Abend ist dies eine wohltuende Gutenachtübung, wenn Sie sich sagen: »Ich glaube, dass mir morgen etwas Wundervolles widerfahren wird!«

2. Just do it

Wie motivieren Sie sich? Können Sie Ihren inneren Schweinehund überwinden? Oder bellt er manchmal so laut, dass Sie sich lieber zurücklehnen und abwarten? Schnell wird aus dem inneren Schweinehund die Höhle des Löwen, in die Sie sich nicht vorwagen – also etwas tatsächlich auch tun.

Folgende Übung bringt Ihnen genau die Energie, die Sie benötigen, um sofort ins Handeln zu kommen. Dann heißt es nicht mehr: »Ich müsste oder könnte ..., aber es geht ja auch später noch«, sondern *just do it.* Dazu gehen Sie bitte folgendermaßen vor:

1. Sie suchen sich eine Wortkombination, wie *just do it, go for it* oder *let's go.* Wichtig ist, dass Sie eine Kombination wählen, die Sie im alltäglichen Wortgebrauch nicht verwenden. Diese Kombination bleibt Momenten vorbehalten, in denen Sie sozusagen einen Kick brauchen, um sofort ins Handeln zu kommen.

Tragen Sie hier Ihre Turbo-Wortkombination ein:

____

2. Im zweiten Schritt verbinden Sie diese Wortkombination mit etwas, das Ihnen Spaß macht. Wenn Sie z.B. gerne ein Glas Wein trinken, ist der Aufwand, den es macht, eine Flasche aus dem Keller zu holen, geringer als der Genuss, dann ein Glas zu trinken. Jedes Mal, wenn Sie jetzt also in den Keller gehen, um eine Flasche Wein zu holen, sagen Sie laut Ihre Wortkombination. Um den Begriff fest in Ihrem Unterbewusstsein zu verwurzeln, tun Sie dies bitte mindestens zwei bis vier Wochen lang. Machen Sie eine Liste für Ihr wöchentliches Übungsprogramm. Schreiben Sie die Dinge auf, die Sie gerne machen.

Was tun Sie gerne, welche Dinge machen Ihnen Spaß?

1. ______________________________________
2. ______________________________________
3. ______________________________________
4. ______________________________________

5. ______________________________

6. ______________________________

7. ______________________________

8. ______________________________

9. ______________________________

10. ______________________________

11. ______________________________

12. ______________________________

13. ______________________________

14. ______________________________

15. ______________________________

16. ______________________________

17. ______________________________

18. ______________________________

19. ______________________________

20. ______________________________

3. Nun können Sie langsam beginnen, Ihre Wortkombination auch für andere Dinge zu verwenden, die Ihnen schwerer fallen. Sollen Sie z.B. einen Kunden anrufen, mit dem Sie nicht so gerne telefonieren, dann sagen Sie sich *just do it* (bzw. Ihre Wortkombination) und Sie werden tatsächlich ins Handeln kommen – weil Sie mit dieser Kombination ja eigentlich etwas Angenehmes verbinden. Und das an-

genehme Gefühl wird sich auch einstellen, wenn Sie das Telefonat tatsächlich erledigt haben. Machen Sie nun eine Liste für Ihr nächstes zwei- bis vierwöchiges Übungsprogramm und schreiben Sie jetzt die Dinge auf, die Sie nicht so gerne tun.

Was tun Sie nicht so gerne?

1. ______________________________

2. ______________________________

3. ______________________________

4. ______________________________

5. ______________________________

6. ______________________________

7. ______________________________

8. ______________________________

9. ______________________________

10. ______________________________

11. ______________________________

12. ______________________________

13. ______________________________

14. ______________________________

15. ______________________________

16. ______________________________

17. ______________________________

18. ______________________________

19. ______________________________

20. ______________________________

4. Je länger Sie diese Technik praktizieren, umso mehr werden Sie feststellen, dass Sie Dinge oder Entscheidungen nicht mehr auf die »lange Bank« schieben, sondern sofort handeln und dadurch auch weniger »Altlasten« mit sich herumschleppen.

3. Erfolgstagebuch

Kaufen Sie sich ein schönes, gebundenes Buch – eines, das Sie wirklich gerne in die Hand nehmen. Und dann beginnen Sie, jeden Tag drei bis fünf Dinge aufzuschreiben, die Ihnen wirklich gut gelungen sind. Ob es ein erfreuliches Telefonat mit einem Kunden ist oder ein gutes Gespräch mit einem Kollegen / Mitarbeiter / Vorgesetzten, ob Sie heute Morgen mit einem Lächeln auf den Lippen aufgestanden sind oder bereits eine Aufgabe erledigt haben, die erst in einer Woche fällig ist. Wichtig ist dabei einfach, dass Sie Ihr Erfolgstagebuch wirklich jeden Tag pflegen und kontinuierlich die Highlights Ihres Tages aufschreiben. Sollten Sie am Anfang gar nicht wissen, was Sie aufschreiben sollen, dann überlegen Sie einmal, wie es mit Ihrem »Selbstbewusstsein« bestellt ist. Sind Sie sich Ihrer selbst und dessen, was Sie täglich tun, wirklich bewusst? Vielleicht helfen Ihnen die folgenden Fragen:

- Was ist mir heute gut gelungen?
- Wem habe ich heute eine Freude gemacht?
- Wofür wurde ich heute gelobt? Welche Anerkennung habe ich heute bekommen?

Mo. ______________________________

Mo. ______________________________

Mo. ______________________________

Di. ____

Di. ____

Di. ____

Mi. ____

Mi. ____

Mi. ____

Do. ____

Do. ____

Do. ____

Fr. ____

Fr. ____

Fr. ____

Sa. ____

Sa. ____

Sa. ____

So. ____

So. ____

So. ____

Sie werden feststellen, dass dadurch oft Kleinigkeiten ein ganz anderes Gewicht bekommen. Durch viele positive Kleinigkeiten erhalten Sie ein positives Gesamtbild – von sich selbst. Gerade in Zeiten, in denen es Ihnen vielleicht einmal nicht so gut geht, können Sie sich alleine durch das Blättern im Erfolgstagebuch positiv einstimmen. Und über einen längeren Zeitraum werden Sie selbst erstaunt sein, welche Entwicklung Sie gemacht haben. Dinge, die Ihnen noch vor geraumer Zeit Probleme bereitet haben, erledigen Sie dann aus dem Effeff.

4. Sandwich-Prinzip

Mit dem Sandwich-Prinzip packen Sie die neue, gewünschte »Erfolgsgewohnheit« zwischen zwei alte angenehme Gewohnheiten, die Sie beibehalten möchten: Wenn Ihr morgendliches Ritual aus Annehmlichkeiten wie gemütlichem Cappuccinotrinken und Tageszeitung-Lesen besteht, dann legen Sie doch künftig Ihre neue Gewohnheit – zum Beispiel »die Tagesplanung durchgehen« oder »die Einkaufsliste erstellen« – genau dazwischen. So wird die neue Gewohnheit schnell automatisiert, und der Erfolg ist Ihnen sicher.

5. Power-SMS

Suchen Sie sich aus Ihrem persönlichen Telefonbuch sechs bis zehn Menschen, mit denen Sie schon seit längerem keinen Kontakt mehr hatten. Schicken Sie ihnen eine SMS. Suchen Sie ein schönes Zitat, einen Spruch aus oder schicken Sie einfach nur liebe Grüße unter dem Motto: »Hab gerade an dich gedacht …« Sie können dadurch alte, verschüttete Beziehungen wiederbeleben. Sie werden feststellen, dass Sie alleine schon das Verschicken in eine gute Stimmung versetzt. Noch mehr werden Sie überrascht sein von dem, was zurückkommt: *»Liebe ist das Einzige, das mehr wird, wenn man es verschwendet«*, wusste schon *Ricarda Huch*.

Hierzu habe ich ein Büchlein mit 365 motivierenden Zitaten und Handlungstipps zusammengestellt mit dem Titel *Mein Tag ist heute* (siehe Literaturverzeichnis).

6. Spiegelbild

Gehen Sie bewusst mit Ihrem Körperzustand um. Wenn Sie morgens vor dem Spiegel stehen, stellen Sie sich die Frage: »Würde *der/die* mich heute überzeugen?« Nehmen Sie sich wahr in Ihrem Körperzustand, mit dem, was Sie sagen und wie Sie etwas ausdrücken.

7. Neunzig Sekunden grinsen

Wenn es Ihnen – vielleicht gerade morgens – einmal nicht so gut geht, stellen Sie sich vor einen Spiegel und grinsen Sie sich an. Ja, grinsen Sie sich an und halten Sie dieses Grinsen bitte auch 90 Sekunden aus. Nehmen Sie sich eine Uhr, damit Sie sich nicht verschätzen. Sie werden staunen, wie lang 90 Sekunden sind. Nach 30 Sekunden werden Sie sich fragen: »Was mache ich hier überhaupt?«, nach 60 Sekunden denken Sie: »Hoffentlich sieht mich keiner«, und nach 90 Sekunden werden Sie über sich selbst lachen – und dadurch so viele Endorphine ausschütten, dass Sie den ganzen Tag gut gelaunt sind.

8. Turbo-Fragen

Stellen Sie sich jeden Morgen noch vor dem Aufstehen die Frage: »Warum freue ich mich heute?« Sie lenken so Ihren Fokus schon früh am Morgen auf etwas Positives. Dieses gute Gefühl wird Sie den ganzen Tag über begleiten. Abends nehmen Sie die Turbo-Frage »Was habe ich heute gelernt?« und erfahren so, was Ihnen jeden Tag Wertvolles begegnet ist. Hier noch einige weitere Fragen, die Sie sich künftig für ein bewusstes Zustandsmanagement morgens bzw. abends stellen können.

Ressourcenreiche Fragen für den Morgen

- Worüber bin ich jetzt in meinem Leben am glücklichsten?
- Was begeistert mich zurzeit in meinem Leben am meisten?
- Worauf bin ich in meinem Leben zurzeit am meisten stolz?
- Wofür bin ich in meinem Leben jetzt am meisten dankbar?
- Was genieße ich in meinen Leben zurzeit am meisten?
- Wozu habe ich mich in meinem Leben zurzeit verpflichtet?
- Wen liebe ich, wer liebt mich?
- Inwieweit ist der heutige Tag für mich eine Chance?

Ressourcenreiche Fragen für den Abend

- Was habe ich heute gegeben?
- Wessen Tag habe ich heute bereichert?
- Wie hat der heutige Tag mein Leben bereichert, und wie kann ich ihn als ein Instrument für mein weiteres Leben nutzen?

- Worüber habe ich mich heute von Herzen gefreut?
- Was ist mir heute gut gelungen?

9. Power-CD

Stellen Sie sich eine CD mit Ihren Lieblingsliedern zusammen – am besten mit Power-Liedern, die Sie mitsingen können. Scheuen Sie sich nicht, das auch lautstark zu tun. Drehen Sie notfalls den Lautstärke-Regler weiter auf. Im Auto stimmen Sie sich so auf wichtige Termine ein, Sie haben volle Energie, strahlen Power aus.

10. Achten malen

Die Zahl Acht hat keinen Anfang und kein Ende, selbstvergessenes Malen von Achten entspannt. Wer mit der Nase Achten in die Luft zeichnet oder sie mit (geschlossenen) Augen rollt, bringt Klarheit in seine Gedanken. Grund: Die rechte und die linke Gehirnhälfte werden verbunden.

11. Herumlaufen

Mehrere Studien zeigen, dass es sich im Stehen wesentlich leichter denkt – vor allem die Kreativen in manchen Werbeagenturen halten ihre Konferenzen bereits im Stehen ab. Also: Laufen Sie ein bisschen herum, wenn die Gedanken haken.

12. Handarbeiten

Wer geistig arbeitet, sollte auch mal die Hände beschäftigen, z.B. einen Apfel schälen oder in der Teeküche abspülen. Doppelt gut für Haupt und Hand: eine Kopfmassage. Setzen Sie die Finger wie zum Haarewaschen rechts und links vom Scheitel an. Jetzt aber nicht rubbeln, sondern gleichmäßig mit den Fingerspitzen über die ganze Kopfhaut trommeln.

13. Effektiv lesen

Ideal für das Verständnis komplizierter Texte, bei denen die Gedanken gerne abschweifen, ist die SQ3R-Methode. Dabei verschafft man sich erst einen Überblick über den Text *(= survey)*. Dann formuliert man die Frage *(= question)*: »Was will ich damit machen?«, und notiert diese Zielformulierung. Zuletzt die 3 »R«: den Text lesen *(= read)*, dann mit eigenen Worten zusammenfassend rekapitulieren *(= recite)* und zum Schluss im Hinblick auf die Zielformulierung überprüfen *(= review)*.

14. Abwechseln

Stundenlang am Schreibtisch zu sitzen, schlafft nicht nur den Körper, sondern auch den Geist ab. Deshalb öfter mal die Sitzposition ändern und in Minipausen isometrische Übungen machen: z.B.

beide Arme ausstrecken, wobei die eine Hand den Handrücken der anderen umfasst, und die Arme nach vorne ziehen. Das tut auch den Schultern gut!

15. Kaugummi kauen Wenn die Kiefer gleichmäßig mahlen, wird das Gehirn besser mit Sauerstoff versorgt. Pfefferminzaroma macht zusätzlich den Kopf klar.

16. Ordnung schaffen Müllen Sie Ihren Schreibtisch nicht zu, und zwar weder mit Akten noch mit privatem Kram (am besten jeden Abend aufräumen). Wenige ausgewählte Stücke sind besser.

17. Power-Moving Meditation klappt nicht nur im Sitzen, sondern auch in der Bewegung. Erst langsam gehen, eine Steigerung ist dann Power-Walking. Die Bewegung regt den Kreislauf an und bringt müde Muskeln in Schwung. Probieren Sie es aus! In den USA ist Zen-Dancing angesagt: die Mischung aus Free-Dance, Yoga und Zen-Meditation soll Körper und Seele in Einklang bringen – hoffentlich auch bald bei uns.

18. Hara-Massage Hara ist die Quelle all unserer Kraft – und die sitzt im Bauch. Vier Zentimeter unter dem Bauchnabel, um genau zu sein. Hier liegt die Lebensmitte und die neue Energie. Das Kraftzentrum muss in Schwung gebracht werden, sonst verkümmert es leicht – z.B. durch zu vieles Sitzen. Die Hara-Massage setzt nicht nur Power frei, sie sorgt auch für eine gute Haltung: aufrecht stehen, Knie leicht gebeugt, Augen schließen, Hände in kreisenden Bewegungen über die Hara-Region gleiten lassen. Dabei tief ein- und ausatmen. Spüren Sie, wie sich der Bauch hebt und senkt.

19. Turbo-Team-Nummer Einen super Motivationskick können Sie auch bekommen, wenn Sie mit jemandem sprechen, mit dem Sie sich gut verstehen und der Sie in einen guten Adlerzustand bringt. Darum machen Sie es sich zur Angewohnheit, wenn Ihnen der Kick fehlt, einen Menschen anzurufen, mit dem Sie sich gerne unterhalten.

Damit Sie nicht immer die gleichen Personen anrufen und nicht lange überlegen müssen, wen Sie jetzt anrufen können, legen Sie sich eine Turbo-Team-Liste von fünf bis acht Menschen an, die Sie immer wieder anrufen können, wenn Ihnen die Power fehlt.

20. Die fünf Siegel der Selbstverpflichtung

Eine Methode, um eine starke Waffe gegen innere Widerstände aufzubauen, besteht in den fünf Siegeln der Selbstverpflichtung:

- *Siegel 1 – die konkrete Entscheidung:* Treffen Sie jetzt eine konkrete Entscheidung. Dabei müssen Sie einen Entscheidungssatz formulieren, der eindeutig und nicht beliebig interpretierbar ist.
- *Siegel 2 – Schriftlichkeit verpflichtet:* Je wichtiger Ihnen das Erreichen Ihres Ziels ist, umso notwendiger ist es, die Aktivitäten schriftlich zu fixieren.
- *Siegel 3 – bewusste Konsequenzen:* Denken Sie darüber nach, was genau Sie tun wollen, wenn Sie Ihren guten Vorsätzen einmal nicht folgen. Was tun Sie stattdessen? Denn aufgeschoben ist nicht gleich aufgehoben.
- *Siegel 4 – Aktivitätenkontrolle:* Die Selbstkontrolle ist das wichtigste Steuerrad, um Ihr Schiff immer wieder auf den richtigen Kurs zu lenken (siehe Selbstverpflichtungsmatrix).
- *Siegel 5 – Öffentlichkeit verpflichtet:* Hier schließt sich der Kreis. Teilen Sie die Aktivitäten, die Sie sich vorgenommen haben, einer oder mehreren Personen Ihres Vertrauens mit. Diese Personen sollten keine Hemmungen haben, Sie beizeiten an Ihre Verpflichtung zu erinnern. Sie ermahnen Sie also weniger, als dass sie Sie motivieren und zusätzlich unterstützen.

Erstellen Sie nun Ihre Verpflichtungsmatrix:

Die Verpflichtungsmatrix

Mein konkreter Entscheidungssatz: ______________________________

____

z. B.: Ich werde jetzt öfter joggen gehen!

Zeiten	Verpflichtungs-matrix	Wann	Aktivitäten	Kontrolle
30 Min.		Mo, Mi, Fr	6:30 Uhr aufstehen	Samstag

Hiermit verpflichte ich mich, die oben genannten Termine und Aktivitäten sowie die von mir gesetzten Kontrolltermine einzuhalten. Sollte ich dieser Verpflichtung einmal nicht nachkommen, habe ich mir hierfür folgende Konsequenzen vorgenommen:

Pos.	Konsequenz:
Ort und Datum	Name und Unterschrift

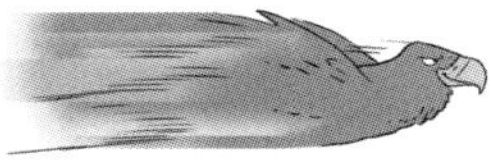

Mein Adler-Workout-Plan Teil 2

Notieren Sie hier nun auch Ihre Adler-Turbo-Tipps, die Sie in Zukunft verstärkt ausprobieren werden. Sollten Sie noch weitere Adler-Turbo-Tipps finden, dann probieren Sie diese gleich mal aus.

Welche Tipps übernehmen Sie für den zweiten Teil Ihres Workouts?

Nachdem Sie jetzt den ersten und den zweiten Teil Ihres Workouts geplant haben, können Sie nahtlos zum dritten Teil übergehen und damit nach so viel Power auch immer wieder für die richtige Entspannung und Gelassenheit sorgen. Denn was nützt uns der schönste Erfolg, wenn wir ihn nicht genießen können?

Die Adler-Cool-Downs

Der Wechsel des Blickwinkels löst viele Probleme

Eine Studentin schrieb: »Liebe Mama, lieber Papa, ich habe vor drei Monaten das Studium begonnen und weiß, dass wir wenig Kontakt hatten. Darum will ich euch jetzt alles erzählen, was bisher so geschehen ist: Eigentlich läuft alles recht gut. Ich hatte vor ein paar Wochen eine Gehirnerschütterung, die ich mir auf einer Party zugezogen habe, aber das kam einfach daher, dass ich die falschen Pillen geschluckt habe, die irgendein Junge mir gegeben hat. Allerdings erinnere ich mich nicht mehr so genau daran und meine Klamotten habe ich fast alle wiedergefunden, macht euch keine Sorgen.

Krankenhaus

Gott sei Dank musste ich nicht ins Krankenhaus und habe jetzt nur noch ein paarmal am Tag Kopfschmerzen. Anfangs wurde ich durch den Lärm im Studentenhaus sehr gestört, aber jetzt wohne ich bei einem sehr netten Jungen, der bei der Tankstelle um die Ecke arbeitet. Er ist wirklich ein Schatz und wir wollen heiraten. Wir haben noch kein Datum festgelegt, aber ich will nicht zu lange warten, sonst sieht man, dass ich schwanger bin.

Schwangerschaft

Ja, Mama und Papa, ich bekomme ein Kind, und es läuft prima. Ich fühle mich zwar ab und zu etwas müde, aber das kommt durch die Medikamente, die ich gegen die Infektion nehme, die ich mir dummerweise von Abdul eingefangen habe. Aber das ist nicht seine Schuld, ich hätte einfach besser aufpassen müssen. Ihr werdet Abdul mögen. Er hat zwar keine Ausbildung, ist aber sehr ehrgeizig und will bald seine eigene Tankstelle eröffnen. Zumindest falls wir das Geld unter meinem Namen leihen können. Es ist schon blöd: Nur weil er kein Deutscher ist und eine Weile im Gefängnis gesessen hat, kann er keinen Kredit bekommen.

Das ist doch echt diskriminierend. Er interessiert sich auch sehr für Politik und ist Mitglied dreier arabischer Organisationen, wo ein gewisser *Bin Laden* der Vorsitzende ist, ein sehr netter, reicher Mann mit einem schwarzgrauen langen Bart.

Polizei Ansonsten weiß ich darüber nicht so viel, ich muss nämlich immer gehen, wenn sie sich versammeln. Vorgestern musste ich ihn bei der Polizei abholen, und es war toll zu sehen, wie er die Polizisten mit ein paar Argumenten zum Schweigen brachte. Er ist wirklich stolz auf mich und findet, dass ich mit dem Kopftuch (ja, das muss halt) noch viel schöner bin als all die anderen Frauen, die er bisher hatte. So, jetzt wisst ihr, was alles *hätte* geschehen können.

Ich will noch eben loswerden, dass ich keine Gehirnerschütterung, keine Pillen, kein Baby, keine Geschlechtskrankheit und keinen Freund habe. Ich habe eine ›Vier‹ in Geschichte und eine ›Fünf‹ in Philosophie und wollte eigentlich nur deutlich machen, dass das kein Desaster ist.

Liebe Grüße von eurer Tochter«

Gelassen und relaxt durch den Tag

Adler machen aus großen Problemen kleine und aus kleinen Problemen – keine! Es geht auch hier darum, wie Sie in Stresssituationen wieder in einen entspannten und produktiven Zustand kommen. Ärgern Sie sich nur, wenn es sich auch wirklich lohnt! Jeder kommt beruflich oder auch privat in Situationen, in denen er sein Gegenüber oder auch sich selbst in der Luft zerreißen möchte – wohl wissend, dass es ihm danach kaum besser geht und der Grund des Ärgernisses immer noch vorhanden ist.

Stress Wie äußert sich Stress? Der Körper schüttet vermehrt Adrenalin und Noradrenalin aus. Betroffene fühlen sich plötzlich richtig wach und haben tatsächlich mehr Energie: Der Organismus ist besser durchblutet. Der Puls geht schneller. Erst ein Zuviel der beiden Stresshormone ist gefährlich und blockiert das Denkvermögen.

Stress ist immer individuell und genau darum empfehle ich Ihnen auszutesten, welcher der nachfolgenden Adler-Cool-Downs Ihnen künftig hilft, gelassen zu bleiben und mit Ärger produktiv umzugehen.

1. Tief Luft holen

Holen Sie tief Luft und zählen Sie langsam bis zehn, ehe Sie etwas sagen. Während dieser zehn Sekunden verfliegt der Druck, der ansonsten explosionsartig alle Umstehenden umweht – ob Sie etwas dafür können oder nicht!

2. Den Raum verlassen

Falls es Ihnen immer noch schwer fällt, verlassen Sie den Ort des Geschehens und gehen Sie ein bisschen spazieren. Durch Bewegung können Sie sich abreagieren und die Sache auch von einer ganz anderen Seite betrachten.

3. Den Vorfall analysieren

Denken Sie darüber nach, ob Sie den Grund des Ärgernisses ändern können. Wenn ja, überlegen Sie, wie, und stellen Sie sich einen Plan auf, dessen ersten Punkt Sie sofort in Angriff nehmen. Wenn Sie die Situation nicht ändern können, lassen Sie sie los!

Was ärgert mich? (Situation)	**Was kann ich tun? (Lösung)**

4. Eine Nacht darüber schlafen

Überlegen Sie sich erst, nachdem Sie darüber geschlafen haben, wie Sie mit einem Problem umgehen oder was Sie zu der Person sagen, die Sie »auf die Palme gebracht« hat. Eine Nacht »Waffenstillstand« mit sich und dem Rest der Welt ist gut, um sich klar zu werden, wie der Fehler oder die Situation entstehen konnte und wie dies künftig vermieden werden kann.

5. Ehrlich sein

Wenn Sie sich ärgern, bringt es nichts, den Ärger in sich hineinzufressen. Das macht auf Dauer krank. Sprechen Sie, unter Beachtung der ersten vier Adler-Cool-Downs, offen darüber. Überlegen Sie sich jedoch immer, ob es sich überhaupt lohnt, sich zu ärgern, und ob es Sie weiterbringt. Stellen Sie Ihr Ärgernis in Relation zum Weltall und Sie werden sehen, wie unbedeutend manche Dinge in Wirklichkeit sind!

6. Schreibe einen Brief/eine Mail nur für dich

Dies ist auch eine sehr schöne Methode, mit Ärger umzugehen, ohne Schäden anzurichten und ohne etwas bereuen zu müssen. Schreiben Sie eine Mail oder einen Brief an die Person, über die Sie sich gerade so richtig ärgern, aber schicken Sie diesen Brief dann nie weg. Lesen Sie den Brief am nächsten Tag und überlegen Sie jetzt noch mal neu, was Sie dieser Person schreiben oder sagen werden. Diese Art zu kommunizieren wird harmonischer sein, da Ihre Emotionen nicht mehr so stark sind.

Brief/Mail an:
Gesendet: NIE!
Geschrieben von:

Der amerikanische Großindustrielle *John D. Rockefeller* sagte einmal: *»Ich arbeite nach dem Prinzip, dass man niemals etwas tun soll, was ein anderer für einen erledigen kann!«* Wer also Stress vermeiden will, muss lernen zu delegieren. Erstellen Sie eine Liste mit Aufgaben, die Sie noch erledigen müssen, und überlegen Sie sich, wer Sie dabei unterstützen könnte.

7. Sich helfen lassen

Zu erledigen?	**Wer kann helfen?**	**Bis wann?**
1.		
2.		
3.		
4.		
5.		
6.		
7.		
8.		
9.		
10.		

8. Die Kunst des Weglassens

Ein großer Stressfaktor im Leben entsteht durch die Ansammlung vieler Aufgaben, die uns zugetragen werden. Doch meiner Meinung nach wird man nie dazu kommen, alle Aufgaben, die an einen im Jahr herangetragen werden, zu erledigen. Denn kaum haben wir uns einer Sache angenommen, kommen schon zwei weitere Dinge auf uns zu.

Darum gilt das Prinzip: »Was passiert, wenn ich es nicht tue?« Stellen Sie sich zu jeder – auch kleinen – Aufgabe diese Frage. Können Sie mit der Konsequenz leben, lassen Sie es gleich sein und konzentrieren Sie sich auf die für Sie wichtigen Dinge im Leben. Machen Sie sich diese Stressmacher jetzt bewusst:

Was steht alles an?	Was passiert, wenn ich es nicht tue?	Bis wann muss ich es tun?	O.k.?
1.			
2.			
3.			
4.			
5.			
6.			
7.			
8.			
9.			
10.			

9. Immer schön der Reihe nach

Bevor Sie weiterlesen, machen Sie doch bitte noch folgenden Dreiminutentest: »Können Sie unter Zeitdruck arbeiten?«

1. Lesen Sie alle Aufgaben durch, bevor Sie zu arbeiten beginnen.
2. Schreiben Sie Ihren Namen in die linke untere Ecke.
3. Rechnen Sie im Kopf aus: 12 x 19 = ______
4. Schreiben Sie bitte hier Ihr Geburtsdatum auf: __ . __ . ____
5. Addieren Sie die Quersumme Ihres Geburtstages: __
6. Zählen Sie die Ergebnisse der Aufgaben 3 und 5 zusammen: ________
7. Ergänzen Sie diese Reihe: □○□○ __ __ __ __
8. Machen Sie einen Punkt in alle Quadrate der Aufgabe 7.
9. Zeichnen Sie ein »X« in alle Kreise der Aufgabe 7.
10. Rufen Sie laut: »Halb fertig!«
11. Rechnen Sie schriftlich auf der Rückseite 319 x 278 = ____
12. Addieren Sie 3624 zum Ergebnis der Aufgabe Nr. 11.

13. Schreiben Sie das Ergebnis aus Aufgabe 12 hier auf: ______
14. Machen Sie einen Kreis um das Ergebnis der Aufgabe 13.
15. Zählen Sie bitte laut von 1 bis 7.
16. Und nun leise weiterzählen bis 20.
17. Machen Sie ein Kästchen um Ihren Namen unten links.
18. Schreiben Sie »Ja« hinter die Frage in der Überschrift.
19. Rufen Sie laut: »Vorletzte Aufgabe!«
20. Nachdem Sie nun alle Punkte aufmerksam durchgelesen haben, tun Sie bitte nur das, was in den Aufgaben 1 und 2 verlangt wird.

________________	__________	______________________
Name	Datum	Unterschrift

Und, waren Sie erfolgreich? Manchmal ist es doch besser, eine Aufgabe nach der anderen zu erledigen! *William Pitt* sagte sehr treffend dazu: *»Wenn ich so viele Dinge erreicht habe, so liegt es daran, dass ich immer nur eine Sache zur gleichen Zeit getan habe.«*

10. Planung spart Zeit

Menschen im Adlerzustand gehen nicht unbedacht an die Lösung einer Aufgabe. Bei aller Beherztheit in der Ausführung gehört zum Erfolgsprinzip des Adlers auch eine genaue Planung. Je umfangreicher eine Aufgabe ist, umso mehr Zeit muss für die Planung verwendet werden. Dann lässt sich die Ausführungszeit enorm verkürzen und das Ergebnis wird ebenfalls besser.

Menschen im Entenzustand planen nicht, sondern gehen einfach drauflos und leben in den Tag hinein: »Mal sehen, was kommt und wie ich damit umgehe. Und wenn es mal wieder eng im Tümpel wird, dann muss ich halt nur schneller paddeln, um an das Futter zu kommen (statt mir vorher eine Strategie zurechtzulegen, wie ich vielleicht als Erster zur richtigen Zeit an der Futterstelle bin).«

11. Effizienz durch Blockarbeit

Telefonieren, E-Mails tippen, Notizen machen – oft erledigen wir viel zu viele Dinge gleichzeitig. »Multitasking« haben US-Forscher das genannt und herausgefunden: Es kostet viel Zeit und behindert die Konzentration. Machen Sie deshalb immer nur eine Sache zur selben Zeit und teilen Sie nach Möglichkeit den Arbeitstag in Blöcke ein. Also: eine Stunde lang alle anstehenden Telefonate erledigen, 30 Minuten Korrespondenz etc. Und schreiben Sie Listen, was an jedem Tag zu erledigen ist – nach Priorität. Das nimmt die hemmende Angst, Wichtiges zu vergessen. Wie weit sind Sie im Bereich Effizienz (die Dinge richtig tun) und Effektivität (die richtigen Dinge zum richtigen Zeitpunkt tun)? Schaffen Sie sich ein gutes Gerüst von Werkzeugen, damit Sie möglichst strategisch, zielgerichtet und umso schneller zum Erfolg kommen.

12. Adler entspannen sich

Es war einmal ein Schäfer, der in einer einsamen Gegend seine Schafe hütete. Plötzlich tauchte in einer großen Staubwolke ein nagelneuer *Cherokee*-Jeep auf und hielt direkt neben ihm. Der Fahrer des Jeeps, ein junger Mann im *Brioni*-Anzug, in *Cerutti*-Schuhen, mit *Ray-Ban*-Sonnenbrille und einer *YSL*-Krawatte, steigt aus und fragt ihn: »Wenn ich errate, wie viele Schafe Sie haben, bekomme ich dann eins?« Der Schäfer schaut den jungen Mann an, dann seine friedlich grasenden Schafe und sagt ruhig: »In Ordnung.« Der junge Mann parkt den Jeep, verbindet sein Notebook mit dem Handy, geht im Internet auf eine NASA-Seite, scannt die Gegend mit Hilfe seines GPS-Satellitennavigationssystems, öffnet eine Datenbank und 60 Excel-Tabellen mit einer Unmenge an Formeln.

Schließlich druckt er einen 175-seitigen Bericht auf seinem Hightech-Minidrucker, dreht sich zu dem Schäfer um und sagt: »Sie haben hier exakt 1586 Schafe.« Der Schäfer sagt: »Das ist richtig, suchen Sie sich ein Schaf aus.« Der junge Mann nimmt eins und lädt es in den Jeep. Der Schäfer schaut ihm zu und sagt: »Wenn ich Ihren Beruf errate, geben Sie mir das Schaf dann zurück?« Der junge Mann antwortet: »Klar, warum nicht?« Der Schäfer sagt: »Sie sind ein Unternehmensberater.« »Das ist richtig, woher wissen Sie das?«, will der junge Mann wissen. »Sehr einfach«, sagt der Schäfer:

- »Erstens kommen Sie hierher, obwohl Sie niemand gerufen hat.
- Zweitens wollen Sie dafür bezahlt werden, dass Sie mir etwas sagen, was ich ohnehin schon weiß.
- Drittens haben Sie keine Ahnung von dem, was ich tue, denn Sie haben sich meinen Hund ausgesucht.«

Vielleicht schmunzeln Sie jetzt, doch genau das sind die drei typischen Merkmale, wenn vor Ihnen eine so genannte Tigerente steht und diese Sie zuquakt:

Stressmerkmal Tigerente

- »Sie mischen sich überall ein, obwohl Sie niemand nach Ihrer Meinung gefragt hat.
- Sie tun weniger, als Sie versprochen haben, und beschweren sich anschließend, dass Sie kein lobendes Wort erhalten!
- Sie meinen, alles besser zu wissen, und wenn Sie merken, dass Sie sich geirrt haben, werden Sie aggressiv und quaken lauter.«

Ihre eigene Insel

Damit Ihnen dies nicht passiert, fliegen Sie, wenn's mal stressig wird, öfter in einen guten Adlerzustand. Ziehen Sie sich an einen Ort zurück, wo Sie entspannen können. Überlegen Sie jetzt, wo dieser Ort sein könnte. Es sollte einer sein, an dem Sie sich so richtig wohl fühlen und relaxen können.

Mein Ort, meine Insel zum Wohlfühlen:

---

13. Die LMAA-Formel

Eine schöne und wirkungsvolle Übung, mit der Sie einen Streit beilegen oder erst gar nicht aufkommen lassen, ist die LMAA-Formel. Die negative Variante dieser Abkürzung kennen viele, doch die positive ist leider immer noch weitgehend unbekannt. LMAA steht für: »Lächle mehr als andere.« Ein Lächeln – kein Auslachen oder sich Lustigmachen – kann sehr entspannend wirken.

Mein Adler-Workout-Plan Teil 3

Notieren Sie hier nun auch Ihre Adler-Cool-Downs, die Sie in Zukunft einsetzen werden, wenn es mal nicht so klappt. Auch diese Liste hat nicht den Anspruch, komplett zu sein. Wichtig ist hierbei, dass Sie für jede (Stress-)Situation Ihren eigenen Adler-Cool-Down-Knopf drücken, um wieder in den gewünschten emotionalen Zustand zu kommen.

In welcher (Stress-)Situation werden Sie Ihren Adler-Cool-Down-Knopf drücken?

Beispiel für eine Kombination:

Stresssituation	**Adler-Cool-Down-Knopf**
1. Ich werde zu Unrecht beschuldigt!	**1. Adler-Cool-Down: Tief Luft holen und 10 Sekunden warten**
2. Ich ärgere mich über …!	**2. Adler-Cool-Down: Ich verlasse den Raum.**

Nun schreiben Sie Ihre Kombinationen auf:

Stresssituation	Adler-Cool-Down-Knopf

Alle Workout-Pläne zusammenfügen

Nachdem Sie auch den dritten Teil fertig gestellt haben, fügen Sie nun den ersten und zweiten Teil Ihres Workout-Plans hinzu. Jetzt ist Ihr Adler-Workout fertig und Sie können sofort damit loslegen, diesen in Ihren Alltag einzuplanen. Am besten machen Sie mehrere Kopien, um ihn an verschiedenen Orten für Sie gut sichtbar zu hinterlegen, damit Sie sich immer wieder an den einen oder anderen Knopf erinnern. Sie sollten Ihren Adler-Workout-Plan in regelmäßigen Abständen immer wieder aktualisieren. Denn wenn Sie den einen oder anderen Knopf öfter drücken, wird dieser auch automatisch funktionieren und Sie müssen sich nicht mehr darauf konzentrieren. Bewahren Sie auch Ihre alten Adler-Workout-Pläne auf, um sich die positiven Veränderungen im Laufe der Zeit bewusst zu machen.

Zum Nachdenken

Adler sind glücklicher als Millionen andere

Das Welt-Dorf

Wenn wir die ganze Menschheit auf ein Dorf von 100 Einwohnern reduzieren, dabei aber auf die Proportionen aller bestehenden Völker achten würden, wäre dieses Dorf so zusammengestellt:

- 57 Asiaten
  21 Europäer
  14 Amerikaner (Nord und Süd)
  8 Afrikaner
- 52 wären Frauen
  48 wären Männer
- 70 Nicht-Weiße
  30 Weiße
- 70 Nicht-Christen
  30 Christen
- 89 Heterosexuelle
  11 Homosexuelle
- 6 Personen besäßen 59 % des gesamten Weltreichtums und alle 6 Personen kämen aus den USA
- 80 lebten in nicht ausreichenden Wohnverhältnissen
- 70 wären Analphabeten
- 50 wären unterernährt
- 1 würde sterben
- 2 würden geboren
- 1 hätte einen PC
- 1 (nur einer!) hätte einen akademischen Abschluss

Falls Sie heute Morgen gesund und nicht krank aufgewacht sind, dann sind Sie glücklicher als eine Million Menschen, welche die nächste Woche nicht erleben werden.

Falls Sie nie einen Krieg erlebt und nie die Einsamkeit durch Gefangenschaft oder Hunger gespürt haben, dann sind Sie glücklicher als 500 Millionen Menschen der Welt.

Falls Sie in die Kirche gehen können ohne die Angst, dass man Ihnen droht, Sie zu verhaften oder umzubringen, sind Sie glücklicher als 3 Milliarden Menschen der Welt.

Falls sich in Ihrem Kühlschrank Essen befindet, Sie angezogen sind, ein Dach über dem Kopf und ein Bett zum Schlafen haben, sind Sie reicher als 75 % der Bewohner dieser Welt.

Falls Sie ein Konto bei der Bank haben, etwas Geld im Portemonnaie und etwas Kleingeld in einer kleinen Schachtel, gehören Sie zu den 8 % der wohlhabenden Menschen auf dieser Welt.

Falls Sie dieses Buch lesen können, sind Ihre Chancen, erfolgreich zu sein, unendlich. Denn Sie gehören nicht zu den 2 Milliarden Menschen, die nicht lesen können.

> *»Arbeiten Sie, als würden Sie kein Geld brauchen.*
> *Lieben Sie, als hätte Sie noch nie jemand verletzt.*
> *Tanzen Sie, als würde keiner hinschauen.*
> *Singen Sie, als würde keiner zuhören.*
> *Leben Sie, als wäre das Paradies auf der Erde.«*
> Adlerweisheit

Adler fliegen höher, als sie fallen

Jeder große Sprung braucht auch einen großen Anlauf! *Richard Bach* drückte es so aus: *»Niemals wird dir ein Wunsch gegeben ohne die Kraft, diesen zu verwirklichen.«* Sind Sie von sich selbst überzeugt? Glauben Sie wirklich an Ihre Ziele? Nachfolgende »Meinungen« anderer über Prominente beweisen, dass sich wirklich erfolgreiche Menschen nicht von negativen Vorurteilen anderer beeinflussen lassen, sondern an sich und die eigenen Ziele glauben.

Meinungen über Prominente

- Nachdem *Fred Astaire* seine ersten Probeaufnahmen gehabt hatte, hieß es in der Notiz des Aufnahmeleiters von MGM aus dem Jahre 1933: *»Kann nicht spielen! Etwas kahlköpfig! Kann ein bisschen tanzen!«* Astaire bewahrte diese Notiz über seinem Kamin in seinem Haus in Beverly Hills auf.

- *Sokrates* wurde als »ein unmoralischer Verführer der Jugend« bezeichnet.
- *Beethoven* handhabte die Violine ungeschickt und daher spielte er nur seine eigenen Kompositionen, anstatt seine Technik zu verbessern. Sein Lehrer bezeichnete ihn als »hoffnungslos«.

- Die Eltern des berühmten Opernsängers *Enrico Caruso* wollten, dass er Ingenieur werden sollte. Sein Lehrer sagte, dass er überhaupt keine Stimme habe und nicht singen könne.
- *Charles Darwin,* Vater der Evolutionstheorie, gab eine Karriere in der Medizin auf. Sein Vater warf ihm vor: »Du interessierst dich für nichts als Schießen, Hunde und Rattenfangen.« In seiner Autobiografie schrieb *Darwin:* »Ich wurde von all meinen Meistern und von meinem Vater als ein sehr gewöhnlicher Junge angesehen, eher unterhalb der üblichen Norm des Intellekts.«
- *Walt Disney* wurde wegen Mangels an Ideen von einem Zeitungsherausgeber gefeuert. Er ging auch mehrere Male Bankrott, bevor er Disneyland erbaute.
- *Thomas Edisons* Lehrer sagten, er wäre zu dumm, um irgendetwas zu lernen.
- *Albert Einstein* sprach nicht, bevor er vier war, und konnte nicht lesen, bis er sieben war. Seine Lehrer beschrieben ihn als »geistig langsam, ungesellig und immer in seine törichten Träume abschweifend«. Er wurde von der Schule gewiesen, und ihm wurde der Zugang zur Technischen Hochschule Zürich verweigert.
- Der Vater des Bildhauers *Auguste Rodin* sagte: »Ich habe einen Idioten als Sohn.« Als schlechtester Schüler der Schule beschrieben, misslang *Rodin* dreimal die Aufnahme an der Kunstschule. Sein Onkel nannte ihn unfähig, unterrichtet zu werden.

- *Leo Tolstoi,* Autor von *Krieg und Frieden,* fiel an der Hochschule durch. Er wurde als »gleichermaßen unfähig und unwillig zu lernen« beschrieben.
- *Henry Ford* scheiterte und ging fünfmal Pleite, bevor er schließlich erfolgreich wurde.
- *Winston Churchill* blieb in der sechsten Klasse sitzen. Er wurde nicht Premierminister in England, bevor er 62 war und nach einem Leben voller Niederlagen und Rückschläge. Seine größten Beiträge leistete er, als er »Altbürger« war.
- Achtzehn Verleger lehnten *Richard Bachs* Zehntausend-Wörter-Geschichte über eine hoch fliegende Möwe, *Die Möwe Jonathan,* ab, bevor *McMillan* sie schließlich im Jahre 1970 veröffentlichte. Bis 1975 wurde sie mehr als sieben Millionen Mal allein in den USA verkauft.
- *Arnold Schwarzenegger* wurde als Spinner von den Dorfbewohnern abgestempelt, als er seine Ziele bekannt gab, ein erfolgreicher Bodybilder sowie Schauspieler in Hollywood und Politiker zu werden.

Auch ich wurde in der dritten Klasse zum Legastheniker abgestempelt und in die Sonderschule gesteckt. Es war eine sehr beschämende Zeit für mich als Kind. Da ich auch noch im Heim und bei Pflegeeltern aufwuchs, fragten sich einige meiner Verwandten, was wohl noch aus mir werden solle.

Umso interessanter finde ich es zu sehen, wo ich heute stehe und was man aus einer solchen Situation alles lernen und erreichen kann. Heute bin ich in der Erwachsenenbildung, schule und coache unzählige Mitarbeiter und Führungskräfte in einer anspruchsvollen Wirtschaftslage. Hierbei helfe ich Menschen und Unternehmen, erfolgreicher zu werden. Meine Referenzen erstrecken sich über die unterschiedlichsten Branchen und reichen vom kleinen Unternehmen bis zum Weltkonzern. Ich hatte die Ehre, an vielen Büchern mitzuschreiben, und habe mehrere Bücher selbst veröffentlicht. Jeden Monat erscheinen verschiedene Fachartikel von mir in den unterschiedlichsten Zeitschriften.

Schlummernde Talente

So manche Menschen ahnen nicht einmal im Ansatz, was in ihnen steckt. Welche schlummernde Talente in ihnen verborgen sind, die nur darauf warten, entdeckt zu werden! Glauben Sie an sich und Ihre Fähigkeiten und schenken Sie dem, was Ihre Mitmenschen meinen zu wissen, nicht so viel Bedeutung. Denken Sie immer daran, dass es viel wichtiger ist, welchen Weg Sie heute einschlagen, welche Entscheidungen Sie für Ihre Zukunft treffen und welche Anstrengung Sie unternehmen, um Ihre Ziele zu erreichen.

> *»Es ist nicht die Frage, woher Sie kommen,*
> *sondern entscheidender ist es, wohin Sie gehen.«*
> Ardeschyr Hagmaier

Es bleibt Ihre Entscheidung

Kein Mensch wird nur als Ente oder Adler geboren – Umstände hin oder her – und auch Charaktereigenschaften können sich im Laufe des Lebens ändern. Es ist egal, was auch immer Sie im Moment tun, Sie können es schaffen »überzulaufen«. Schon so mancher, der sich noch gerade zuvor in einem Entenzustand befand, erhob sich plötzlich in die Lüfte und flog höher als irgendein Adler zuvor.

Die Körperhaltung veränderte sich, aus dem Geschnatter wurde eine bestimmende und zuversichtliche Stimme. Der neue Blickwinkel ermöglichte völlig neue Einsichten und Perspektiven – für sich selbst ebenso wie für die Mitmenschen im persönlichen Umfeld. Aber auch so mancher Adler plumpste schon in den Teich, verlor jeden Weitblick und begann, von Enten umgeben, selbst plötzlich mit aufgeregtem Geschnatter. *James Aggrey* hat dies in seinem Bilderbuch *Der Adler, der nicht fliegen wollte* ausführlich beschrieben. Hier die Geschichte in Auszügen:

Der Adler, der nicht fliegen wollte

Ein Mann suchte im Wald nach einem Vogel. Er fing einen jungen Adler; zu Hause angekommen, steckte er ihn in den Hühnerhof zu seinen Hennen und Enten. Und er gab seinem neuen Vogel Hühnerfutter zu fressen.

Eines Tages kam ein Naturexperte zu Besuch, um sich den Hühnerhof anzuschauen. Sofort erkannte er: »Der junge Vogel dort ist kein Huhn, sondern ein Adler.« »Das stimmt zwar«, antwortete der Hühnerhofbesitzer, »aber ich habe den Vogel zu einem Huhn erzogen. Er ist jetzt kein Adler mehr, sondern ein Huhn, auch wenn seine Flügel drei Meter breit sind.« »Nein«, entgegnete der Naturexperte. »Der Vogel ist noch immer ein Adler: Er hat die Mentalität und das Herz eines Adlers, und er kann sich weit in die Lüfte erheben.« »Nein, nein«, wandte der Hühnerhofbesitzer ein, »er ist jetzt ein richtiges Huhn und wird niemals wie ein Adler fliegen.«

Die beiden beschlossen, ein Experiment durchzuführen. Der Naturexperte nahm den Adler, hob ihn in die Höhe und sprach zu ihm: »Vogel, der du ein Adler bist, der du dem Himmel gehörst und nicht dieser Erde – breite deine Schwingen aus und fliege!« Unsicher saß der Adler auf der ausgestreckten Faust des Naturexperten. Er wandte sich um, und als er hinter sich die Hühner nach ihren Körnern picken sah, sprang er zu ihnen hinunter. Daraufhin meinte der Hühnerhofbesitzer: »Ich habe dir ja gesagt, dass der Adler jetzt ein Huhn ist.« »Nein«, erwiderte der Naturexperte, »er ist und bleibt ein Adler. Ich versuche es morgen noch einmal.«

Am nächsten Tag stieg der Naturexperte mit dem Adler auf das Dach des Hauses, hob ihn empor und sagte erneut: »Vogel, der du ein Adler bist, breite deine Schwingen aus und fliege!« Aber als der Adler wieder die Hühner im Hof erblickte, sprang er erneut zu ihnen hinunter und scharrte mit ihnen. Der Hühnerhofbesitzer meinte: »Ich habe dir ja gesagt, er ist ein Huhn.« »Nein«, sagte der Naturexperte, »er ist und bleibt ein Adler. Lass es uns morgen noch einmal versuchen.«

Am nächsten Morgen kam der Naturexperte wieder, nahm den Adler mit und brachte ihn weit weg vom Hühnerhof an den Fuß eines hohen Berges. Die Sonne stieg gerade auf und tauchte die Berggipfel in leuchtendes Gold. Er hob den Adler wieder hoch und sagte zu ihm: »Vogel, du bist ein Adler. Du gehörst dem Himmel und nicht dieser Erde. Breite deine Schwingen aus und fliege!« Der Adler blickte unsicher umher, zitterte, als erfüllte ihn neues Leben – aber er flog nicht. Da ließ ihn der Naturexperte direkt in die Sonne schauen. Und plötzlich breitete der Adler seine gewaltigen Flügel aus, erhob sich mit dem typischen Schrei eines Adlers, flog hoch und höher und kehrte nie wieder zurück.

Ente oder Adler?

Es liegt also in Ihrer Hand, was Sie sind und was Sie werden. Sie können nicht zugleich mit den Enten schnattern und mit den Adlern fliegen wollen. Jeder Tag ist ein neuer Anfang und es ist Ihre Entscheidung, ob Sie als Ente (unter Enten) oder als Adler (unter Adlern) durchs Leben gehen. Denn eines steht fest: Sind Sie eine Ente, ist auch das Geschnatter in Ihrem Umkreis groß. Sind Sie allerdings ein Adler, bewegen Sie sich zwischen Adlern, Sie treffen Adler, arbeiten mit Adlern zusammen, ziehen kleine Adler groß – und wenn Sie Enten begegnen, kennen Sie Strategien, diese ein kleines Stückchen höher fliegen zu lassen und Ihnen plötzlich Wege (Lösungen) aufzuzeigen, die sie niemals für möglich gehalten hatten. Wecken Sie in sich und anderen den Adlerinstinkt!

Die zehn Prinzipien eines Adlers

1. Je dankbarer wir sind, umso zufriedener werden wir.
2. Je begeisterter wir sind, umso geschätzter werden wir.
3. Je beharrlicher wir sind, umso erfolgreicher werden wir.
4. Je geduldiger wir sind, umso verständnisvoller werden wir.
5. Je interessanter wir sind, umso lebendiger werden wir.
6. Je fröhlicher wir sind, umso attraktiver werden wir.
7. Je konzentrierter wir sind, umso ruhiger werden wir.
8. Je neugieriger wir sind, umso kreativer werden wir.
9. Je geselliger wir sind, umso hilfreicher werden wir.
10. Je gelassener wir sind, umso freier werden wir.

Anhang

Ein Programm zum Artenschutz

Hoch oben am Himmel kreiste ein Adler über dem See. Auf dem Wasser schwamm eine Ente. Als der Seeadler die Ente entdeckt hatte, stürzte er sich im brausenden Sturzflug, die Fänge voraus, mit lautem Rauschen der Flügel hinab auf die Ente. Im letzten Moment sah sie den Adler und – tauchte. Der Adler steilte dicht über dem Wasser wieder empor und kreiste erneut am Himmel. Als die Ente endlich wieder auftauchte, stürzte er sich erneut herab. Und die Ente tauchte wieder. Adler hinunter – Ente hinunter; Adler hoch – Ente hoch! So ging das 24-mal. Bis die arme Ente total erschöpft war, so dass sie um ein Haar ertrunken wäre. Aber davor hat sie der Adler gerettet ... Hätte der Adler jedoch beim ersten Anflug die Flügel zu tief ins Wasser getaucht, wäre er nass und schwerfällig geworden und hätte nie und nimmer die Kraft und die Ausdauer für 24 Anflüge gehabt. So aber hieß es zum Schluss: Ente gut – für den Adler. Fazit: Nur Beharrlichkeit und Können führen zum Ziel.

Ente gut – für den Adler

Diese Geschichte stammt von Frau Fentzloff, die ich beim Besuch einer Adler-Flugvorführung kennen lernte. Sie erzählte mir viele Dinge über Adler und deren artspezifisches Verhalten. Vieles davon ist auch in dieses Buch eingeflossen, so dass ich mich entschieden habe, nicht nur selbst eine Patenschaft für einen Adler zur Arterhaltung zu übernehmen, sondern darüber hinaus auch Ihnen diese Patenschaft weiterzuempfehlen. Damit die besprochenen Adlerinstinkte Ihnen stets im Gedächtnis bleiben und Sie die Welt immer öfter aus der Adlerperspektive sehen!

Ich wünsche Ihnen auf Ihrem Weg als Adler, egal auf welcher Flughöhe Sie sich gerade auch befinden, viel Spaß und noch mehr Erfolg!

Ihr Ardeschyr Hagmaier

DEUTSCHE
GREIFENWARTE
BURG GUTTENBERG
CLAUS FENTZLOFF
Privates Forschungszentrum für Greifvögel

Wir freuen uns auf Ihren Besuch im ältesten privaten Forschungszentrum für Greifvögel in Europa in den Wehr- und Zwingeranlagen der mittelalterlichen Burg. Ein unvergessliches Erlebnis im romantischen Neckartal!

Bei der Übernahme einer Patenschaft für einen Vogel Ihrer Wahl bekommen Sie ein solches Namensschild:

Wollen auch Sie helfen? Wir freuen uns über jede Spende für die bedrohten Greifvögel. Eine Patenschaft erwerben Sie ab 250 EUR (Futterkosten für ½ Jahr) oder 500 EUR (Futterkosten für 1 Jahr).

Wählen Sie dafür eine Eule, einen Adler oder Geier aus unserer Anlage.

Sie erhalten von uns:

- eine Halbjahres- / Jahresfreikarte zum Besuch Ihres Schützlings,
- ein Namensschild der Patenschaft an der Voliere,
- eine Spendenbescheinigung, steuerlich absetzbar beim Finanzamt,
- und eine Urkunde mit einem Foto Ihres Patenvogels.

Fordern Sie bitte die entsprechenden Unterlagen an bei der

Deutschen Greifenwarte
74855 Burg Guttenberg, Neckarmühlbach
(zwischen Heilbronn und Heidelberg)
Tel.: 07063 / 950650
Fax: 07063 / 950651
www.greifenwarte.de
E-Mail: deutsche@greifenwarte.de

Mantje, Europäischer Seeadler

Literaturverzeichnis

Aggrey, James: *Der Adler, der nicht fliegen wollte.* Wuppertal: Hammer Verlag, 1985.

Geisselhart, Oliver: *Kopf oder Zettel. Ihr Gedächtnis kann wesentlich mehr, als Sie denken.* Offenbach: GABAL Verlag, 2005.

Hagmaier, Ardeschyr: *Heute akquirieren – sofort profitieren.* Wiesbaden: Gabler Verlag, 2005.

Hagmaier, Ardeschyr: *Quakst du noch oder fliegst du schon? Die 33 Adler-Prinzipien. Illustriert von Timo Wuerz.* Offenbach: GABAL Verlag, 2009.

Hagmaier, Ardeschyr / Seßler, Helmut: *Als Führungskraft erfolgreich coachen.* Mannheim: INtem Media, 2005.

Seßler, Helmut: *30 Minuten für aktives Beziehungsmanagement.* Offenbach: GABAL Verlag, 2005.

Hagmaier, Ardeschyr / Kling, Marion / Seßler, Helmut: *Mein Tag ist heute! Zitate und Weisheiten für Menschen, die noch erfolgreicher werden wollen.* Mannheim: INtem Media, 2001.

Hagmaier, Ardeschyr / Kling, Marion / Seßler, Helmut: *Der Lebensplaner Media.* Mannheim: INtem Media, 2000.

Über den Autor

Ardeschyr Hagmaier – erfolgreicher Autor, Vortragsredner und Umsetzungscoach – hat den Bestseller »Ente oder Adler. Vom Problemsucher zum Lösungsfinder« geschrieben. Seine Erfahrungen und sein Know-how sammelte er in seiner 20-jährigen Tätigkeit im Vertrieb. Entscheider aus Großunternehmen, Industrie und Wirtschaft schätzen ihn, weil er seine Inhalte praxisnah, bildhaft und leicht umsetzbar präsentiert. In seinen Vorträgen und Seminaren begeistert er seine Zuhörer und Teilnehmer. Er drückt komplexe Sachverhalte in verständlichen und motivierenden Bildern aus und bringt die Dinge auf den Punkt. Ardeschyr Hagmaier wurde für seine Art der Präsentation mehrfach mit dem internationalen deutschen Trainingspreis ausgezeichnet.

Zu seinen Kunden gehören:

Allianz, AMWAY, AOK, Bauking, BayWa AG, Best Western Hotel, Bonduelle GmbH, Commerzbank, Deutsche Bahn AG, DVAG, DZ-Bank AG, Edeka, EnBW – Thermogas, Ernst & Young, FG Finanz-Service, Hamburg-Mannheimer Versicherung, Hansetrans Holding GmbH, HelfRecht, Jung Pumpen, MAN Roland Druckmaschinen AG, Mineralbrunnen AG, Mobilcom, Nord LB, Plansecur Management GmbH, Ruthmann GmbH, Sony Deutschland GmbH, Sparkassen und Volksbanken (div.), Steffel Unternehmensgruppe, Swatch Deutschland, Taunus-BKK, Union Investment AG

Themen-Highlights für Events, Seminare und Coaching:

Von der ProblemEnte zum LösungsAdler

- Erkennen Sie den Unterschied zwischen Ente und Adler
- Von der quakenden Ente zum handelnden Adler
- Wie Sie mit den Adler-Fähigkeiten durchstarten, Höhe gewinnen und nachhaltig Ihren Erfolg sichern

Von der BeratungsEnte zum VerkaufsAdler

- Wie Sie mehr Speed im Verkauf erreichen und nachhaltig sichern
- Wie Sie mit neuen Kommunikationsstrategien begeistert akquirieren
- Chancen erkennen und nutzen – kein Gespräch ohne »Auftrag«

Von der UmsatzEnte zum ErtragsAdler

- Wie Sie mit der Adler-Führungsstrategie Adler-Teams aufbauen und erhalten
- Vom unternehmerischen Denken zum unternehmerischen Handeln
- Hart zur Sache, soft zum Mensch – motiviert Unternehmensziele erreichen

Kundenaussagen:

»Wer glaubt, sich bei diesem Vortrag in Ruhe zurücklehnen zu können, der war noch nicht bei Ardeschyr Hagmaier. Keinen einzigen Zuhörer hat es auf dem Stuhl gehalten, wenn es darum ging, eine Erfahrung zum Thema zu machen.« *FAZ*

»Ich war verblüfft, welch starke Wirkung das Bild von der Ente und dem Adler bei uns im Team hat. Seit diesem Vortrag gibt es bei uns niemanden mehr, der lange über Probleme spricht.« *Heike Hoffmann,* Leiterin Reisezentrum, Deutsche Bahn, Berlin

2002 Auszeichnung der »Offiziellen Qualitätsgemeinschaft internationaler Wirtschaftstrainer und Berater e. V.« (Q-Pool 100)

Kontakt:

Ardeschyr Hagmaier
Rostocker Str. 13
68766 Hockenheim

Tel: 06205 / 955757
E-Mail: a.hagmaier@traleco.de
Internet: *www.enteadler.de*
www. eagle-state-university.com

GABAL

Wirtschaftsstories

Ken Jennings,
John Stahl-Wert
Zehntausend Pferde
152 Seiten
ISBN 978-3-89749-864-8

BJ Gallagher,
Steve Ventura
Sag nicht nein, sag ja
163 Seiten
ISBN 978-3-89749-795-5

Mike Song,
Vicki Halsey,
Tim Burress
Die Hamster-Revolution
168 Seiten
ISBN 978-3-89749-769-6

Ken Blanchard,
Mark Miller
Das Geheimnis großer Leader
144 Seiten
ISBN 978-3-89749-765-8

Arbinger Institute
Leben ohne Selbstbetrug
224 Seiten
ISBN 978-3-89749-766-5

Tim Templeton
Erfolgreiches Networking
168 Seiten
ISBN 978-3-89749-762-7

Informationen über weitere Titel unseres Verlagsprogrammes erhalten Sie in Ihrer Buchhandlung, unter **info@gabal-verlag.de** oder **www.gabal-verlag.de.**